SSU Press

Cultural Bible Story

문화로 만나는
성경이야기

초판발행 2012년 11월 26일

지은이 박용우
펴낸이 김대근
펴낸곳 숭실대학교 출판국 / 서울 동작구 상도로 369
홈페이지 http://press.ssu.ac.kr

등 록 제 14-2호(1982.1.25)
TEL 02-820-0772
FAX 02-817-5297

찍은곳 스크린 그래픽센터
TEL 02-2274-3394~5
FAX 02-2274-3397

디자인 202GRID

값 : 33,000원
ISBN 978-89-7450-295-9

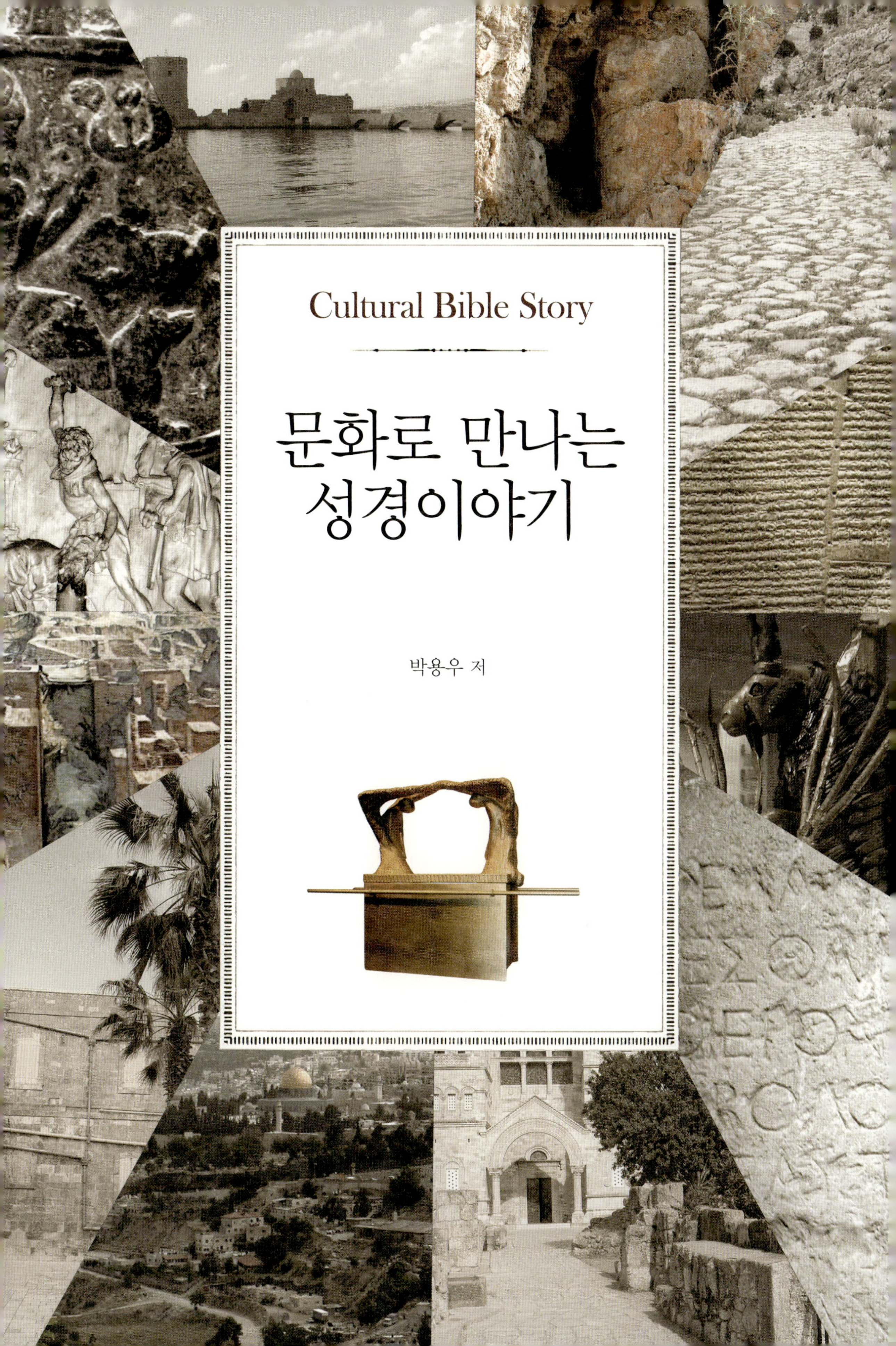

Cultural Bible Story

문화로 만나는 성경이야기

박용우 저

Cultural Bible Story
문화로 만나는 성경이야기

CONTENTS

주의 말씀은 내 발의 등이요 내 길에 빛이니이다(시 119:105).

여는 말 Preface

성지(성경에 나오는 지역)를 방문하게 되면 그 지역의 역사와 지리 그리고 문화를 알 수 있고, 또한 성지의 유물이 보관된 세계 곳곳의 박물관을 답사하여 수집한 자료를 통해 성경을 해설한 것이 바로 「문화로 만나는 성경이야기」입니다.

초대교회 사도들은 로마가 닦은 길(Via Romana)로 복음을 전했습니다. 그러나 오늘날에는 무엇보다 웹(the Web)이라는 길이 잘 닦여져 있고, 이러한 시대의 흐름에 맞춰 복음을 전하는 가장 효과적인 길은 웹(the Web)이라고 생각합니다. 그래서 오늘날 복음 전파는 온라인과 오프라인을 통해 시너지 효과를 얻을 수 있습니다.

이 책에 부착된 DVD 안에는 보다 많은 자료들을 전달하기 위해 지면에 다 싣지 못한 많은 사진들이 포함되어 있으며, 또한 이 책을 이용하여 강의하는 분들을 위해 PDF 파일도 준비되어 있습니다. 이제는 저자와 독자가 SNS를 통해 서로 만날 수 있는 시대이기에 PDF 파일을 웹상에서 Prezi 파일로 강의하며, SNS로 소통하기 원하는 분은 페이스북에 가입한 후 저자의 이메일(ywpark2003@gmail.com)을 검색하여 저자에게 친구 요청을 하면 서로 소통하고 정보를 나눌 수 있습니다.

이 책이 나오기까지 원고 정리와 출판기획, 편집디자인 및 컨텐츠 DVD 개발에 수고해 주신 임경란 팀장, 김종일 실장, 권진만, 권수미, 주일형, 차준석 조교에게 특별히 감사 드립니다.

DVD에 수록된 사진들은 필자가 세계 각지에 있는 성지와 박물관 등에서 직접 촬영한 것으로 인용할 때는 출처를 밝혀 주시기 바랍니다. 아무쪼록 이 책과 DVD가 성경을 이해하고 가르치는 데에 도움이 되기를 바랍니다.

2012. 11. 20.

박 용 우

קבר אלעזר (לזרוס)
قبر العازر
ST LAZARUS TOMB

1

문화 성경 이야기 소개

이 책은 문화로 만나는 성경이야기이다. 성경을 성서와 관련된 성지와 세계 유명 박물관에서 촬영한 문화와 고고학적 사진들을 소개하면서 신구약 전체를 설명한다. 성경을 이해하면 고전 문화 (앗시리아, 바빌론, 페르시아, 그리스, 로마 등)를 알게 되며 기독교를 알면 고대에서 현대까지의 문화를 이해하게 된다.

성경은 읽는 자의 수준만큼 보인다. 육적 건강관리를 위해서 몸에 좋은 음식을 먹고 적당한 운동을 해야 하는 것처럼, 영적 건강관리를 위해서도 하나님의 말씀을 읽고 실천하는 것을 통해 영혼이 자라게 된다.

문화로 만나는 성경이야기

성경의 주제 이야기

성경이 가르치고 있는 주제는 하나님의 구원이라고 할 수 있다.

1. 에덴동산에서 선악과를 따 먹은 아담과 이브를 어떻게 구원하셨는가?(창 3:21)
2. 대홍수 심판 때에 노아의 가정을 어떻게 구원하셨는가?(창 6:17–22)
3. 메소포타미아에 있던 아브라함을 어떻게 구원하셨는가?(창 12:1–3)
4. 이집트에서 노예 생활을 하던 이스라엘 백성을 어떻게 구원하셨는가?(출 3:10)
5. 바빌론에 포로로 끌려갔던 유대인들을 어떻게 구원하셨는가 (사 44:28)
6. 메시아로 오신 예수 그리스도는 죄악에 빠진 세상 사람들을 어떻게 구원하셨는가?(눅 23:34–43)
7. 우리는 어떻게 하면 구원 받을 수 있는가?(요 3:16)

문화로 만나는 구약 이야기

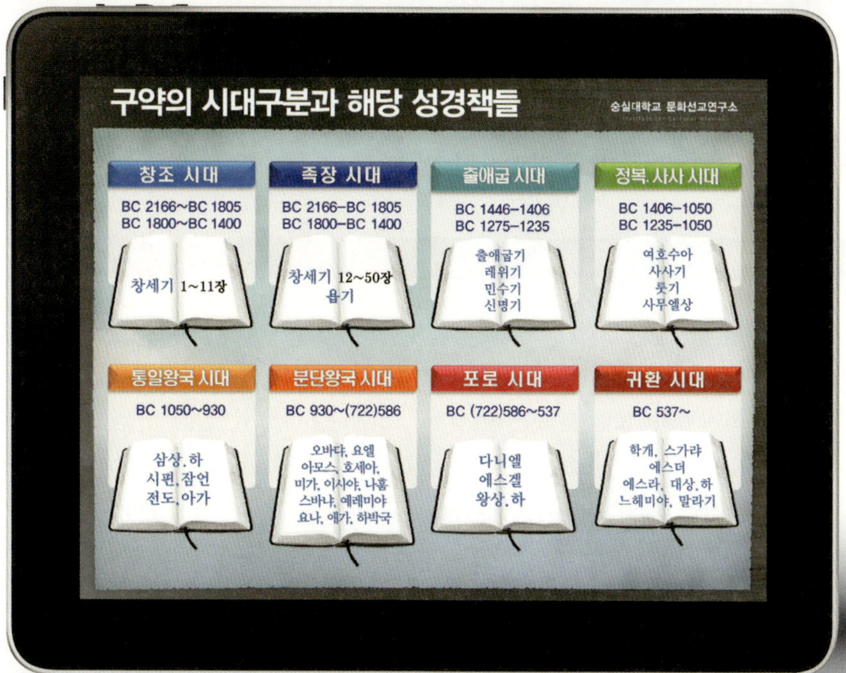

구약 성경이 기록된 시대별 요약

구약 성경의 기록을 시대별로 살펴보면 출애굽 때 광야에서 기록된 책은 모세 오경(창, 출, 레, 민, 신)이다. 유다인 역사가 요세푸스는 유다 고대사 4권 8장 44절에서 모세가 기록했다고 증언하고 있다. 유다 고대사 4권 8장 48장에서는 모세는 자기의 죽음까지도 기록했다고 한다. 가나안 정복 후 사사 시대에 기록된 책은 여호수아, 사사기, 룻기, 사무엘상 · 하, 욥기이다. 통일 왕국 시대에 기록된 책은 시편, 잠언, 전도서, 아가서이다. 분열왕국 시대에 기록된 책은 아모스, 호세아, 요나, 나훔, 요엘, 이사야, 미가, 스바냐, 하박국, 오바댜이다. 바빌론 포로 당시에 기록된 책은 예레미야, 애가, 열왕기상 · 하, 에스겔, 다니엘이며 바빌론 포로 귀환 후 페르시아 시대에 기록된 책은 역대상 · 하, 에스라, 느헤미야, 에스더, 학개, 스가랴, 말라기이다.

구약 성경이 기록된 지역별 요약

구약성경이 기록된 지역을 보면 북쪽 이스라엘에서 기록된 책은 호세아, 아모스이고 남쪽 유다에서 기록된 책은 바빌론 이전과 바빌론 포로 당시와 바빌론 포로 이후로 구분해 볼 수 있다. 바빌론 포로 이전에 쓰여진 책은 시편, 잠언, 아가, 요엘, 미가, 이사야, 스바냐, 하박국이다. 바빌론 포로 당시에는 예레미야, 예레미야 애가이며 포로 귀환 후에는 역대상 · 하, 에스라, 느헤미야, 학개, 스가랴, 말라기이다. 우스 땅을 소재로 한 책이 욥기, 에돔 땅을 소재로 한 책이 오바댜, 앗시리아를 배경으로 쓴 책이 요나, 나훔이고, 페르시아 시대에 수산성을 배경으로 쓴 책이 에스더이다. 바빌론 포로 당시에 바빌론에서 기록된 책이 열왕기상 · 하, 에스겔, 다니엘이다.

선지자들의 활동지역

선지자들이 활동한 지역을 살펴보면 아모스, 호세아, 아히야, 예후, 엘리야, 미가야, 엘리사는 북쪽 이스라엘 중심으로 활동했다. 남쪽 유다를 중심으로 바빌론 포로 이전에 활동한 선지자가 요엘, 미가, 이사야, 스바냐, 하박국이고, 바빌론 포로 직전에는 예레미야, 포로 귀환 후에는 학개, 스가랴, 말라기 선지자이다. 앗시리아 지역에 활동한 선지자는 요나, 나훔, 바빌론 포로 당시에는 에스겔, 다니엘이 활동했다. 오바댜는 에돔의 멸망을 예언했다.

문화로 만나는 신약 이야기

신약성경에는 예수님의 사역을 기록한 복음서가 있으며 다른 책들은 제자들의 전도 활동을 기록하고 있다.

산헤립의 라기스 성의 점령 – 대영박물관

신약 성경의 분류

신약성경의 분류는 복음서, 역사서, 바울 서신, 공동서신, 예언서로 분류된다. 복음서는 마태복음, 마가복음, 누가복음, 요한복음이다. 역사서는 사도행전이다. 바울 서신은 데살로니가 전·후서, 갈라디아서, 고린도 전·후서, 로마서, 에베소서, 골로새서, 빌레몬서, 빌립보서, 디도서, 디모데 전·후서이다. 공동서신은 히브리서, 야고보서, 베드로 전·후서, 요한 1,2,3서, 유다서이다. 예언서는 요한계시록이다. 이와 관련된 성지와 박물관의 유적과 유물들을 사진을 통해 성경을 문화적으로 배울 수 있도록 이야기 하려고 한다.

신약성경이 기록된 장소는 로마, 빌립보, 고린도, 에베소, 예루살렘 등이다. 신약성경 27권은 한 사람에 의해서 한 곳에서 기록된 것이 아니고, 여러 사람에 의해서 여러 지역, 여러 시대에 걸쳐 기록되었다는 것을 알 수 있다. 예수님 당시 지도도 오늘의 지도와는 많이 다르다. 그 당시 문화를 이해하기 위해서는 그 당시의 문화와 지리적 여건들을 살펴보아야 한다.

성경의 역사와 문화

성경에 나오는 지역들을 보면 지구본 부분의 흰 부분들이 성경에 나오는 지역들이다. 이 부분을 구분해 보면 유럽의 남부, 소아시아, 지중해, 중동, 북아프리카 이렇게 여러 지역들로 구분해서 생각해 볼 수 있다.

아카드의 사르곤

아카드의 사르곤이란 사람을 고대 문화와 더불어 살펴볼 수 있는데 사르곤은 BC 2355년경에 출생했다. 이 사람을 주목할 필요가 있는 것은 메소포타미아의 작은 나라들로 아카디안 국가를 만든 사람이다. 그렇기 때문에 노아 자손들이 시날 땅 주변에 살면서 부족으로 살았는데 다른 작은 부족들을 점령해서 국가를 만든 사람이 바로 아카드의 사르곤이다. 사르곤의 손자인 나람 신(Naram-Sin, BC 2254-2214)은 아카디안 왕조의 4번째 왕으로 사르곤의 손자이다.

Naram Sin

나람 신

나람 신의 이름의 뜻은 달 신인 신(Sin)의 사랑을 받는 자이다. 메소포타미아에서 처음으로 중앙정부를 수립하여 첫 국가를 만들었으며 첫 국가에서 더 나아가 다른 부족과 주변을 정복해서 역사상 첫 제국을 만든 왕이다. 나람 신과 그 할아버지 아카드의 사르곤은 고대의 유명한 인물들이다. 영토를 걸프만에서 지중해까지 확장했으며 동쪽으로는 이란, 북쪽으로는 소아시아까지 점령해서 비교적 큰 제국을 이루었다. 이런 역사를 보면서 그 당시 문화를 통해 창세기를 이해할 수 있다.

고대 제국들

역사적으로 고대제국들을 살펴보면 남쪽에는 슈메르인 북쪽에는 아카드인이 아카드제국(BC 2330)을 만들었다. 그리고 그 뒤에 아모리인과 엘람인들이 앗시리아와 바빌론(BC 18)이란 나라를 건설했다. 이들은 다 셈족들이다. 고대는 앗시리아와 바빌론제국이 유명한 큰 제국으로 부상한다. 그러다가 이 고대 바빌론제국은 힛타이트(BC 14) 족에 의해 망하고 마는데 힛타이트제국은 헷족속(히타이트)을 중심으로 지금 터키 동쪽 하투사에서 큰 제국을 이루었다.

그 뒤에 앗시리아제국이 생겨나고 앗시리아제국은

적들을 물리치고 밟고 있는 나람 신
(Naram-Sin) - 루브르 박물관

바빌론제국에 의해 망하게 된다(BC 612). 앗시리아제국은 성경에 나오는 사르곤이나 산헤립 왕들이 이스라엘의 분열왕국시대에 메소포타미아와 가나안 지역의 이집트까지 영향을 끼치는 큰 제국이었다. 그 제국을 멸망시키고 다시 등장한 것이 느부갓네살의 아버지 나보폴라살과 느부갓네살이며 그 이야기들이 신 바빌론제국 이야기이다. 그 뒤에 메데와 연합해서 페르시아가 신바빌론제국을 멸망시켰다. 페르시아 시대의 이야기는 성경에 다니엘, 에스라, 에스더, 느헤미야서에 있다. 물론 다니엘은 신 바빌론제국과 페르시아 시대에 걸쳐서 연결이 된다. 그 뒤에 페르시아제국을 멸망시킨 것이 헬라제국(BC 330)이다. 알렉산더의 동방원정을 통해서 헬라제국이 형성되고 헬라제국 이후에 지중해 지역에 강자로 부상하는 로마제국(BC 63)이 등장한다. 이때는 신약시대로 넘어간다.

세계 통용어들

고대에서 현대까지 세계의 통용어들을 살펴보면 세계적으로 아카디안 언어가 국제 언어로 사용되었으며 그리고 엘람어, 아람어, 헬라어 등이 사용되었다. 그리스제국 시대와 신약 시대에는 헬라어가 국제 언어로 사용되었기 때문에 유대인이었던 예수의 제자들도 신약성경을 헬라어로 기록했다. 그 후에는 라틴어가 사용되었고 요즘에는 세계적으로 영어가 가장 많이 사용되고 있다. 예수님 당시에는 아람어를 주로 사용했기 때문에 예수님은 제자들에게 아람어로 기도를 가르치셨다. 아람어는 유대인들이 바빌론 포로 중에 익혀 사용하다가 포로에서 돌아와 예수님 당시까지 많이 사용했다.

이방 신화와 성경의 신화

'창조이야기'(Creation Story)는 고대 여러 나라에 창조 이야기들이 있다. 메소포타미아에도 에뉴마 엘리시(Enuma Elish)라는 이야기가 있어서 바빌론 최고의 신 마르둑(Marduk)이 티아맛(Tiamat)이라는 괴물을 죽이고 그 시체로 만물을 창조했다고 했다. 대부분 나라의 신화들을 보면 혼돈(Chaos) 가운데서 신들이 나타나고 신들 간에 전쟁이 있고, 전쟁에서 이긴 신이 질서를 잡아나간다는 이야기들이다. 그러나 성서에는 영원부터 존재하는 절대적인 하나님이 세상의 혼돈을 질서로 세워간다는 것이다.

'홍수이야기'(Flood Story)는 고대 메소포타미아의 길가메쉬 서사시(the Epic of Gilgamesh)에서도 성경에 나오는 홍수와 비슷한 이야기가 있다. 인간들이 만드는 소란 때문에 잠을 잘 수가 없었던 신들이 홍수를 내렸다고 했다. 이는 성경에 나오는 홍수이야기와는 다르다. 성경에 보면 하나님은 날로 횡포해지는 인간들의 범죄에 대해 홍수를 내려 심판하셨다(창 6:5–7). 이방 신화들은 도덕성에 대해 무관심하거나 결여되어 있다.

'신의 형상'(Images of God)에 대해 고대 메소포타미아와 이집트를 비롯해서 중근동 지방을 살펴보면, 모두가 신들을 형상으로 만들었다. 흙이나 나무나 돌을 조각해서 사람모양이나 각종 동물모양을 만들어 신으로 섬겼다. 그러나 하나님은 모세에게 하나님을 어떤 형상으로든지 만들지 말라고 하셨다(출 20:4). 하나님의 이름을 묻는 모세에게 하나님은 '나는 스스로 있는 자'(I am who I am)라고만 답하셨다(출 3:14).

Enuma Elish

메소포타미아의 창조 서사지 (Enuma Elish)
– 대영박물관

길가메쉬 서사시 (the Epic of Gilgamesh)
– 대영박물관

왕들의 연대표

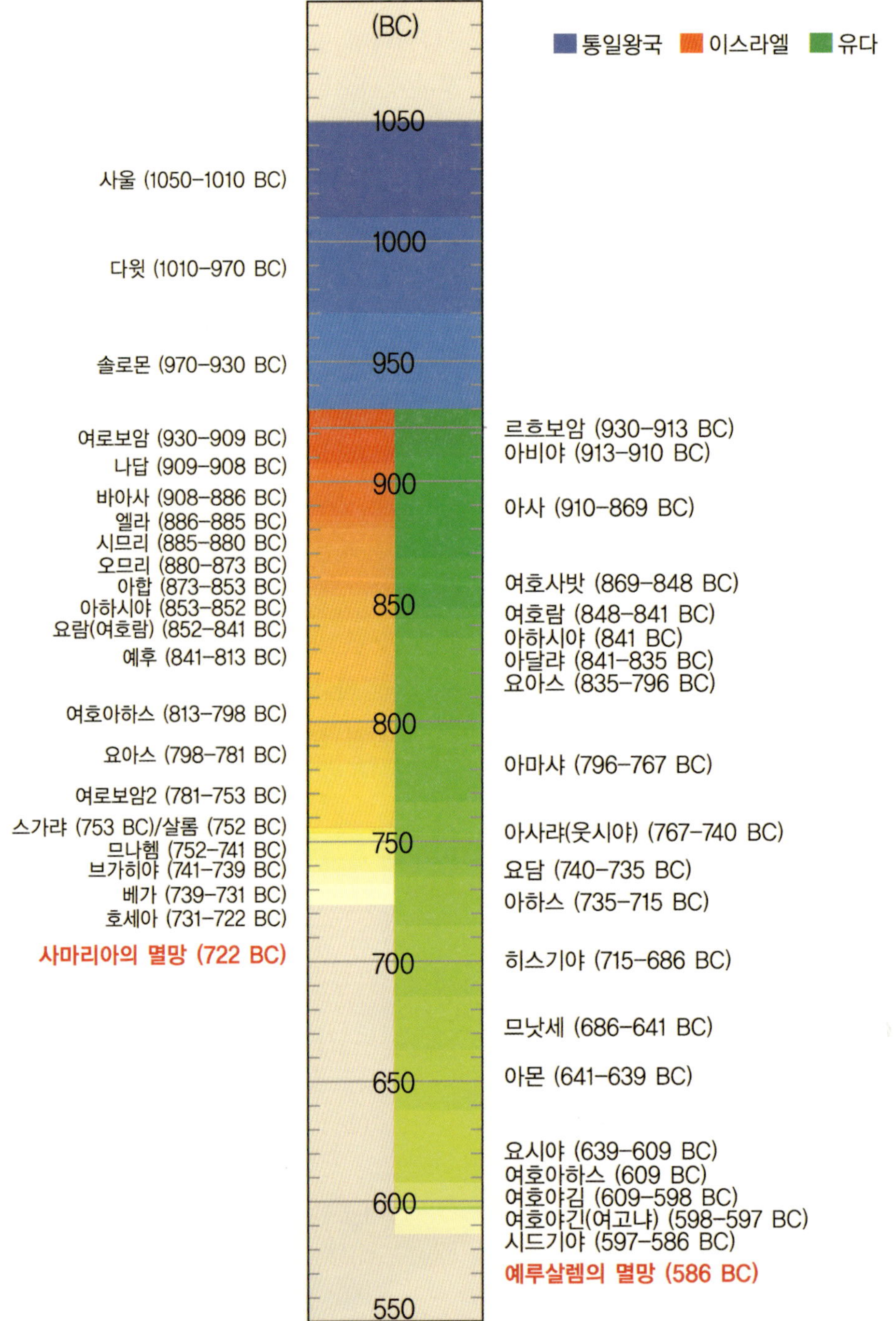

(BC)
통일왕국
이스라엘
유다
1050
1000
950
900
850
800
750
700
650
600
550
사울 (1050-1010 BC)
다윗 (1010-970 BC)
솔로몬 (970-930 BC)
여로보암 (930-909 BC)
나답 (909-908 BC)
바아사 (908-886 BC)
엘라 (886-885 BC)
시므리 (885-880 BC)
오므리 (880-873 BC)
아합 (873-853 BC)
아하시야 (853-852 BC)
요람(여호람) (852-841 BC)
예후 (841-813 BC)
여호아하스 (813-798 BC)
요아스 (798-781 BC)
여로보암2 (781-753 BC)
스가랴 (753 BC)/살롬 (752 BC)
므나헴 (752-741 BC)
브가히야 (741-739 BC)
베가 (739-731 BC)
호세아 (731-722 BC)
사마리아의 멸망 (722 BC)
르호보암 (930-913 BC)
아비야 (913-910 BC)
아사 (910-869 BC)
여호사밧 (869-848 BC)
여호람 (848-841 BC)
아하시야 (841 BC)
아달랴 (841-835 BC)
요아스 (835-796 BC)
아마샤 (796-767 BC)
아사랴(웃시야) (767-740 BC)
요담 (740-735 BC)
아하스 (735-715 BC)
히스기야 (715-686 BC)
므낫세 (686-641 BC)
아몬 (641-639 BC)
요시야 (639-609 BC)
여호아하스 (609 BC)
여호야김 (609-598 BC)
여호야긴(여고냐) (598-597 BC)
시드기야 (597-586 BC)
예루살렘의 멸망 (586 BC)

선지자들의 연대표

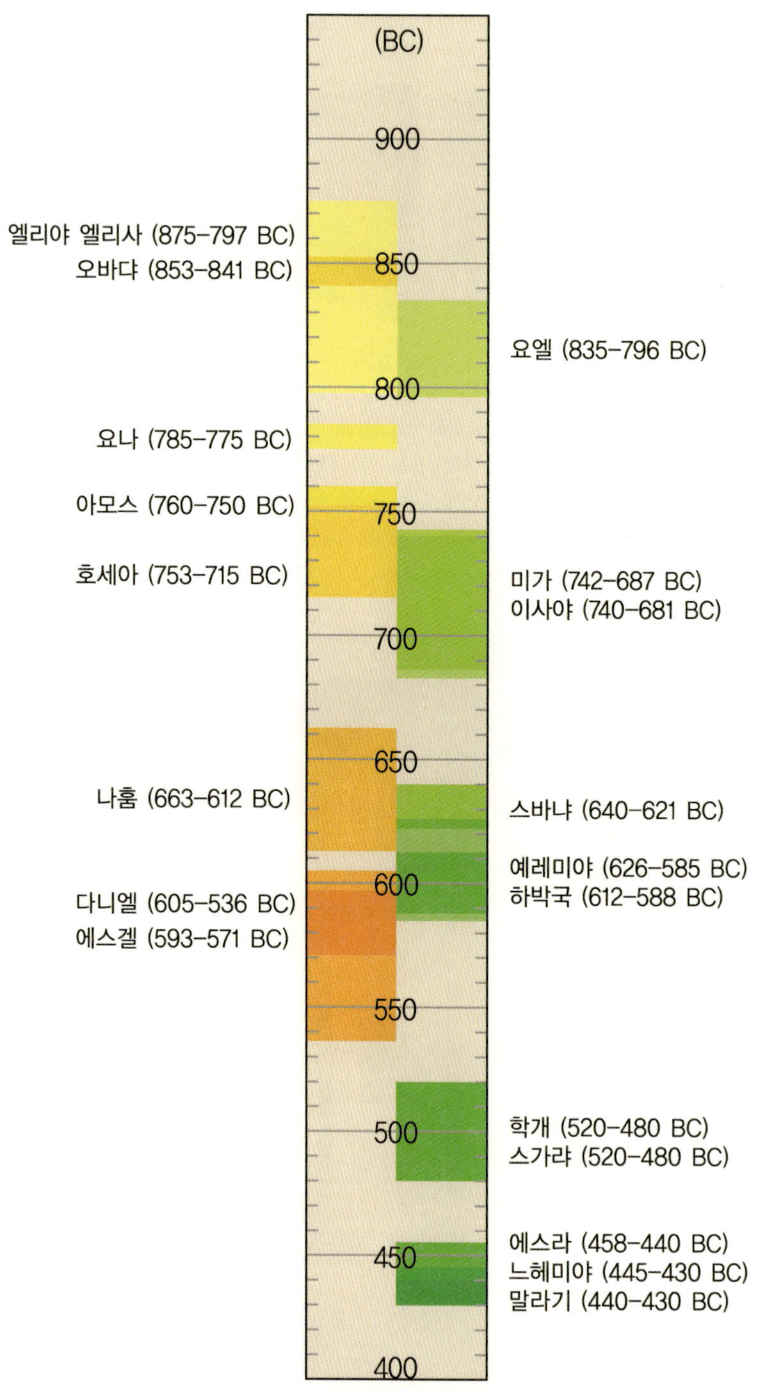

(BC)
900
엘리야 엘리사 (875-797 BC)
오바댜 (853-841 BC)
850
요엘 (835-796 BC)
800
요나 (785-775 BC)
아모스 (760-750 BC)
750
호세아 (753-715 BC)
미가 (742-687 BC)
이사야 (740-681 BC)
700
650
나훔 (663-612 BC)
스바냐 (640-621 BC)
예레미야 (626-585 BC)
하박국 (612-588 BC)
600
다니엘 (605-536 BC)
에스겔 (593-571 BC)
550
학개 (520-480 BC)
스가랴 (520-480 BC)
500
에스라 (458-440 BC)
느헤미야 (445-430 BC)
말라기 (440-430 BC)
450
400

문화성경 시리즈

참고할 성경책은 문화 성경을 추천한다. 문화성경은 저자가 숭실대학교 출판국을 통해 출판한 성경이며 개역개정판 한글 성경을 바탕으로 성경의 문화와 역사를 사진과 함께 해설한 성경이다

문화성경 책

문화성경은 스마트폰(아이폰, 안드로이드폰)으로도 볼 수 있다. 엡스토어에서 '문화 성경'을 검색하여 어플을 다운 받을 수 있다. 문화 성경의 영문 어플은 iPhone에서만 'Cultural Bible을 치고 다운 받을 수 있다. 영어성경의 번역판은 NRSV(New Revised Standard Version)를 사용했다. NRSV는 성경원문에 제일 가깝게 번역된 영어번역판이라는 평을 가지고 있으며 현재 미국 장로교에서 공식적으로 사용하고 있다. GNT(Good News Translation)는 최근 현대 영어로 번역된 성경이라고 할 수 있다. 어느 것이든 원하는 번역판을 다운 받을 수 있다.

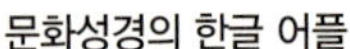

문화성경의 한글 어플

문화성경의 영어 어플

문화로 만나는 성경이야기 동영상강의 USB Set

문의: 숭실대 출판국 (02-820-0772)　문화선교연구소 (www.bestbible.org / 02-811-1445)

2

창세기 이야기

1. 천지창조
2. 인간의 타락
3. 홍수 심판과 방주
4. 바벨탑 이야기
5. 4대 조상

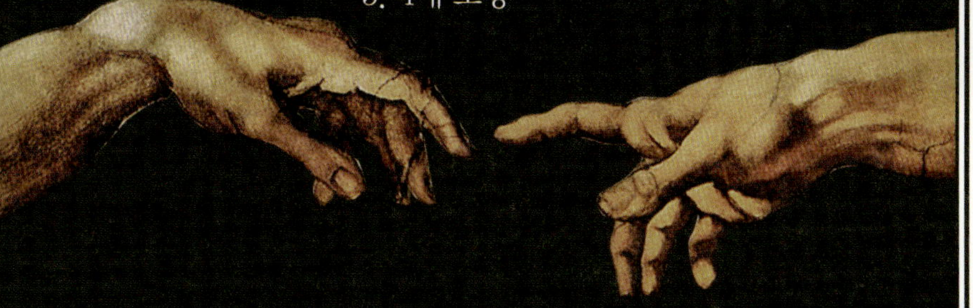

창세기는 두 부분으로 크게 나누어 생각할 수 있다. 1장에서 11장까지와 12장에서 50장까지로 구분된다. 1장에서 11장까지의 내용은 하나님의 우주 창조와 인류의 타락, 농아 홍수, 노아 후손의 분포, 바벨탑 사건 등이고, 12장에서 50장은 아브라함의 부르심과 이삭, 야곱, 요셉 등 족장들의 이야기이다. 하나님이 이 족장들의 선택을 통해서 하나님의 구원의 역사가 어떻게 전개되어 나가는지 12장에서 50장까지에서 볼 수 있다.

1. 천지창조

하나님께서 천지를 창조하셨다. 첫째 날은 빛을 창조하고, 둘째 날은 하늘을 창조하고, 셋째 날은 땅과 바다와 식물을 창조하고, 넷째 날은 해와 달과 별을 창조하고 다섯째 날은 물고기와 새를 창조하고, 여섯째 날은 가축, 들짐승, 사람을 창조하셨다. 그리고 7일째 되는 날에 쉬셨다고 성경은 기록하고 있다.

하나님이 창조하시기 전에 우주는 아무 형태도 없이 텅 비어 있었고 캄캄한 어두움 속에서 하나님은 빛을 창조하시고 우주 만물을 창조하셨다. 하나님 자신만 스스로 있는 존재이고 물질세계든 정신세계든 하나님이 창조하지 않은 것은 아무 것도 없으며 하나님 외에는 다른 창조자가 없으며 사람만이 유일하게 하나님의 형상으로 지음 받았다(창 1:26). 그러므로 사람 외에는 하나님과 인격적인 관계를 가지는 존재가 없다. 왜냐하면 형상이 있어야 인격적인 관계를 가질 수 있기 때문에 하나님과 인격적인 관계를 가지는 존재는 사람뿐이다. 하나님의 형상은 외적인 모양이 아니라 지식과 감정과 의지 등 내적인 품성을 말한다. 하나님은 흙으로 사람을 만드시고 그 코에 생기를 불어 넣으심으로 산 존재가 되게 하셨다(창2:7). 산 존재는 하나님의 생기가 있어야 한다. 우리는 하나님이 생기를 불어 넣으셔서 산 존재가 되었다. 따라서 하나님의 생기가 삶에 있어서 기본적인 요소이다.

2. 인간의 타락

하나님께서 에덴의 아름다운 동산을 만드시고 거기에 하나님께서 창조한 사람을 두셨다. 에덴동산에는 실과가 세 가지가 있었는데 일반실과, 선악을 알게 하는 나무의 열매, 생명나무의 열매가 있었다.

첫 번째, 일반실과(창 2:9)는 금지된 것도 아니고 영생하는 것도 아닌 열매이다. 두 번째, 선악을 알게 하는 나무의 열매(창 2:9)는 먹어서는 안 되는 열매다. 그래서 선악과를 먹은 뒤에는 선악 판단의 기준이 하나님에게서 자기에게로 옮겨갔다. 선악과를 먹기 전에는 하나님이 선악 판단의 기준이었다. 그러나 선악과를 먹은 후에 선악 판단의 기준이 하나님에게서 자기에게로 옮겨가고 말았으며 이것이 하나님 앞에 범죄가 되었다. 세 번째는 생명나무의 열매는 먹어야 영생하는 열매이다(창 2:9, 계 22:2). 이 생명나무와 비교해서 우리가 생각할 수 있는 것이 생수이다(요 4:10). 생명수 샘물로 신약에서 나타났는데 그것이 생명나무 열매이며 생명수 샘물이다(계 21:6).

벌거벗은 아담과 하와 – 터키 반 호수의 악다말 교회 부조

최초의 사람 아담은 "내가 벗었으므로 두려

워하여 숨었나이다."라고 했다(창 3:10-11). 아담이 선악과를 따먹은 뒤에 자신이 벗은 줄 알았다. 전에도 옷을 벗고 살았는데 왜 지금 와서 두려운가? 단지 밖의 옷을 벗었다는 것이 아니고 내면의 의의 옷을 벗었기 때문에 내면적으로 수치와 부끄러움을 느끼게 된 것이다. 금단의 실과를 먹고 약속을 저버림으로 의를 벗은 것이 두렵고 부끄러웠던 것이다. 여기서 수치심이 생긴 것이다. 의를 벗고 수치심이 생겨서 이제는 밖에 옷 벗은 것까지도 수치를 느끼고 무화가 나무 잎을 엮어서 치마를 만들어서 아래를 가렸다. 그런데 햇빛이 뜨겁게 비춰자 무화가 나뭇잎은 햇빛에 말려서 올라가 버리고 어디에 앉아도 쉽게 찢어지게 되었다. 그래서 하나님께서 아담 하와에게 짐승을 잡아 가죽을 벗겨서 치마를 만들어 옷을 입혀주셨다. 그런데 그 짐승의 종류가 무엇이었을까? 메소포타미아 박물관 자료로 우리가 짐작해 볼 수 있는데 최초로 사람들이 지어 입은 옷은 그것이 바로 양털로 만든 하의이다. 여기에 보면 하나님께서 최초로 인간에게 가죽옷을 지어 입히신 옷이 바로 양가죽이라는 것을 짐작해 볼 수 있다.

아담 이후 우리는 다 의를 벗은 사람이다. 부끄러움과 두려움을 이기기 위해서 의의 옷을 입어야 한다. 사람이 만든 무화가 나무 잎으로는 안 되며 인간의 수단으로 만든 무화가 나무 잎으로 하나님 앞에 설 수 없다. 수치와 부끄러움을 인간의 수단과 방법으로 가릴 수가 없는 것이다. 하나님이 입혀 주신 가죽옷, 즉 하나님의 어린양 예수께서 십자가에 흘리신 피로 입혀주시는 의의 옷을 입어야 한다.

갈라디아서 4:4절에 보면 여자의 후손은 뱀(사탄)의 머리를 상하게 한다는 말이 있는데, 이 여자의 후손은 예수 그리스도를 말한다. 예수그리스도는 마리아에게서 성령으로 잉태하셨기 때문에 요셉과의 성적관계에서 태어난 분이 아니고, 성령으로 동정녀 마리아를 통해서 육체를 입고 태어나셨다. 여자의 후손은 예수 그리스도를 말한다. 창세기 3:15절에 여자의 후손은 뱀의 머리를 상하게 하고 뱀은 예수의 발꿈치를 상하게 한다는 말씀은 여자의 후손으로 오신 예수는 사탄을 멸하시고, 사탄은 예수가 십자가에 못박혀 상처를 입도록 한다는 것을 알 수 있다.

양털로 만든 하의 - 이스탄불 박물관

양털 하의를 입고 거문고를 타는 사람 (Standard of Ur) – 대영박물관

3. 홍수 심판과 방주

사람의 죽음은 처음부터 만들어진 것이 아니고 사람의 범죄로 말미암아 찾아오게 된 것이다. 최초의 살인사건은 가인이 동생 아벨을 죽인 것이다. 이 사건 후에 범죄가 점점 증가하면서 땅에 죄가 만연하게 되었다. 이 때 하나님께서 홍수로 세상을 심판하셨다. 홍수 심판에서 살아남기 위해 하나님은 노아에게 방주를 만들라고 하셨다. 노아는 말씀에 순종해서 방주를 만들어 그 아내와 아들과 세자부 여덟 식구를 살렸다. 모든 인류가 다 멸망할 때에 이 노아 자손을 통해서 시날에서 슈메르 문화가 형성되고 세상의 모든 것의 출발점이 되었다. 이 출발점이 된 노아 식구들이 방주가 필요했는데 이 안에는 사람뿐만 아니고 생물도 각기 종족을 보존하기 위해 거기에 종류별로 넣었기 때문에 큰 방주를 만들어야 했다.

노아의 방주 길이가 135미터이고 미식 축구장이 90미터이기 때문에 방주는 미식 축구장 보다 더 큰 규모이다. 방주의 길이는 삼백 규빗, 너비는 오십 규빗, 높이는 삼십 규빗이라(6:15). 1규빗은 약 45cm 정도이기 때문에 방주의 길이를 미터법으로 고

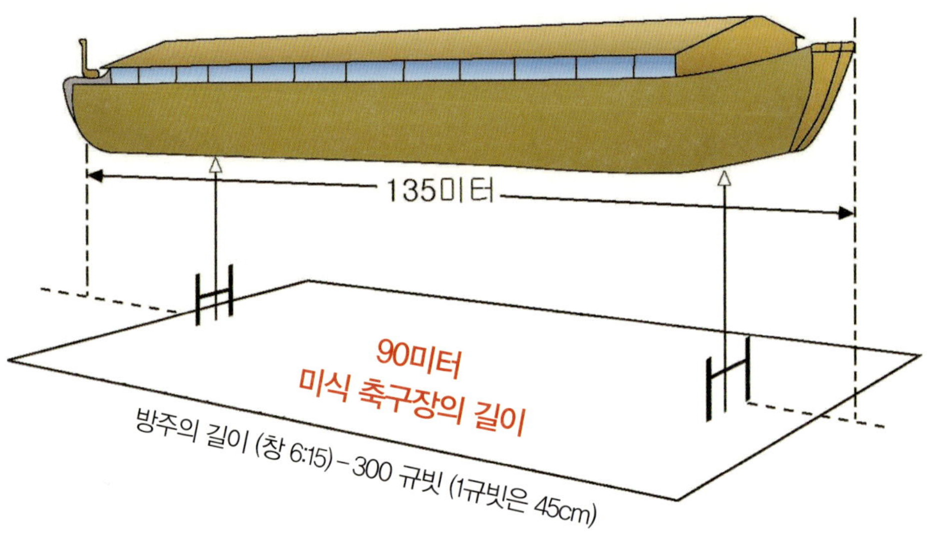

노아방주가 앉았던 자리로 추정되는 방주 모양의 장소 - 아라랏 산, 터키

치면 길이 135cm, 너비 22.5cm, 높이 13.5cm였다. 따라서 방주의 길이는 타이타닉호의 절반이상이었다.

40주야를 하늘에서 홍수가 내려서 범죄한 많은 사람들이 다 죽어 버리고 노아 자손만 살아남았다. 시날 땅에서 그들이 살아가면서 인구가 번성하기 시작했는데 시날 땅에서 만들어진 문화를 슈메르 문화라고 한다. 이것이 메소포타미아 문화이며 세계 최초의 문화라고 할 수 있다. 이 노아 자손의 분포지역을 살펴보면 야벳의 일곱 아들들은 인도 유럽인들로서 서쪽으로 토루스(Taurus)에서부터 가나안의 북쪽까지 그리스를 포함해서 소아시아와 북쪽으로는 옛 소련의 코카수스 산맥까지 인구가 퍼졌다(창 10장). 엘람, 앗시리아, 아르박삿(갈대아인), 아람(아람족, 히브리인) 등 셈족의 자손들은 메소포타미아 지역과 동쪽에 있는 지중해에 퍼져 있었다. 특별히 노아로부터 저주를 받은 구스(아프리카), 미스라임(애굽), 가나안(시리아의 팔레스틴 선주민) 등 함의 자손들은 아프리카 지역에 분포되어 살았다.

4. 바벨탑 이야기

바벨탑의 모형, 메소포타미아에서 이방 신을 섬기던 지구랏이다
– 베르린의 버가모 박물관

성경에 나오는 바벨탑은 어떤 모양이었을까? 바벨탑은 바벨론 최고의 신 마르둑(Marduk)을 섬기던 지구랏(Ziggurat)이었다고 학자들이 보고 있다. 메소포타미아 사람들은 흙벽돌을 구워서 장방형의 피라미드형의 7층 건물을 만드는 습관이 있었다. 7층은 그 당시로서는 굉장히 높고 그들의 표현에 의하면 하늘까지 닿았다고 표현했다. 그리고 이 꼭대기에 해와 달과 별을 보고 절하는 신전이 있었다. 스바냐 1장 5절에 보면 지붕 위에서 이방 신을 섬겼던 것을 알 수 있으며 이런 전통이 메소포타미아에서 가나안까지 이어졌다는 것을 알 수 있다.

하나님은 사람들이 악한 일을 도모하지 못하도록 언어를 혼잡케 해서 사람들을 여러 지역으로 흩어 버리셨다. 바벨의 뜻은 '언어의 혼잡'을 뜻한다. 유다 역사가 요세푸스는 홍수를 경험한 사람들이 높은 탑을 건설해서 또 다시 내릴지도 모르는 홍수에 대비하며 하나님께 대항했다고 했다(유다인의 고대사 1권 4장 2절).

5. 4대 조상

아브라함

창세기에서 아브라함의 선택은 눈여겨봐야 할 대목이다(창 12:13). 하나님께서 타락한 죄 가운데 빠진 인류를 구원하기 위해 구원의 역사를 전개하는 시점에서 아브라함을 선택한다. 그리고 그 아브라함에게서 이스라엘 지파가 형성이 되고 그 중에서 유다 지파를 통해서 다윗의 자손 예수 그리스도 메시아가 탄생된다. 이 성경과 메시아가 모든 사람의 구원을 위해서 믿어지게 되는 구원 사역의 시작은 아브라함의 선택에서 출발하게 된다. 따라서 아브라함의 선택이 아주 중요한 사건이라고 할 수 있다.

선택의 목적은 땅의 모든 족속을 위함이지만 그 출발은 아브라함의 선택에서 시작된다. 아브라함은 구원 역사의 시작이다. 아브라함은 하나님의 복을 받은 자로 땅의 모든 족속이 그로 인하여 복을 얻게 되는 것이다. 그래서 아브라함의 후손을 통하여 메시아가 탄생하고, 성경이 기록되었다.

우르에서 출토된 염소, 아브라함 보다 500년 전의 것. 금, 은, 청금석과 조개로 만들어졌다. – 대영박물관

... 너는 너의 고향과 친척과 아버지의 집을 떠나 내가 네게 보여 줄 땅으로 가라(창 12:1)
내가 너로 큰 민족을 이루고 네게 복을 주어 네 이름을 창대하게 하리니..(창 12:2)
... 땅의 모든 족속이 너로 말미암아 복을 얻을 것이라...(창 12:3)

아브라함은 하나님의 예정과 선택 속에서 이동했는데 갈대아 우르(창 11:31)에서 출발해서 하란으로(창 12:1), 하란에서 세겜으로 이동했다(창 12:6). 세겜에 갔다는 것은 벌써 가나안 땅에 갔다는 것이다. 세겜에서 벧엘로(창 12:8), 벧엘에서 양식이 없어 이집트로(창 12:10), 또 다시 벧엘로(창 13:18) 헤브론으로(창 13:18) 그랄(창 20:1) 브엘세바(창 21:33), 모리아 땅(창 22:2), 헤브론(창 23:2), 이렇게 이동하면서 나그네로 살았다.

아브라함이 독자를 바친 것은 브엘세바에 살 때에 하나님께서 모리아 산으로 가서 독자를 바치라고 해서 갔는데, 아브라함이 독자를 바치기 위해 이동한 브엘세바에서부터 모리아 산까지 이것이 3일 길이 된다. 그래서 창세기 22장 4절에서 알 수 있는 것처럼 브엘세바를 떠나 제 3일 만에 모리아 산에 도착했다. 아브라함이 이삭을 제물로 바쳤던 이 모리아 산은 다윗이 여부스 사람 오르난의 타작 마당에서 제단을 쌓았던 곳이다. 원래는 산이었으나 솔로몬이 성전을 지을 때 이 산을 평평하게 만들어 성전을 지었다. 그리고 예수님 당시 헤롯은 솔로몬 성전 보다 갑절 이상 평평한 광장을 만들고 사면에 벽을 쌓고 성전을 지었다. 오늘날에는 그 자리에 이슬람 바위 사원(Dome of the Rock, 모스크)이 서 있다. 성전 산 지역은 솔로몬과 헤롯 대왕이 평평하게 만들기 전에 아브라함 시대에는 날카로운 산악지역이었다. 성전 자리 앞에는 기드론 계곡이 흐르고 밑에는 다윗성이 있고 계곡으로 돌아가면 힌놈의 골짜기가 있다.

아브라함이 독자를 바쳤다는 것은 아주 소중한 것을 바쳤다는 것이다. 가장 소중한 것을 바쳤기 때문에 가장 큰 축복을 받았다. 가장 소중한 것을 바친 것은 바로 믿음이 있었기 때문에 우리가 그를 믿음의 조상으로 보는 것이다. 또한 아브라함이 소중한 독자를 바친 것은 하나님의 독생자 예수께서 인류의 죄를 위해서 자신의 몸을 십자가에서 희생시키고 우리의 죄를 용서하신 것을 상징적으로 나타낸 것이다.

아브라함이 독자를 바치기 위해 걸어갔던 베들레헴 부근의 족장들의 길

아브라함과 함무라비

BC 13세기(1270 BC) 출애굽 설에 기초해서 아브라함을 BC 19~20세기(1990~1815 BC) 경의 사람으로 보는 견해가 있다. 그런가하면 출애굽 연도를 BC 15세기(1446 BC)에 기초해서 아브라함을 BC 22세기(2167~1992 BC)로 보는 견해도 있다. 고대 바빌론은 함무라비 왕 때 전성기를 이루었는데 창세기 14장 1절에 나오는 시날 왕 아므라벨을 함무라비로 보는 견해도 있으나 확실치는 않다. 함무라비 시대의 유명한 것이 함무라비 법전(Law-Codex of Hammurabi)이다. BC 19세기 정도의 것인데 높이 2.2m의 검은 현무암에 법전이 새겨져 있으며 위에는 함무라비 왕이 태양신을 예배하고 있다. 함무라비 왕이 태양 신 앞에 서 있는 모습을 그린 것은 함무라비 왕이 받은 법전이 태양 신으로부터 왔다는 것을 나타내기 위해서 그림을 새겨 넣은 것이다. 아카디안 언어로 새겨져 있으며 모세의 율법과 함께 세계 법률의 고전이라고 할 수 있는데, 모세의 율법은 모든 사람이 법 앞에 평등하다는 입장에서 법을 서술하고 있다면, 함무라비 법전은 일반 평민은 일반 귀족 보다도 차별을 두고 있다. 이것이 법 앞에 모든 사람이 평등하다는 면에서 기록한 모세의 법전이 함무라비의 법전보다 더 법의 평등의 정신을 구현한 것이라고 볼 수 있다.

이삭

이삭의 여정은 헤브론(창 24장) - 그랄(창 26:1) - 브엘세바(창 26:23) - 헤브론(창 35:29)을 거치면서 살았다. 이삭의 일생은 아버지 아브라함에게 늘 순종하면서 별 허물없이 살았다. 아브라함이 모리아 산에서 그를 하나님께 제물로 바치려고 했을 때도 제단 위에 올라가서 기꺼이 제물이 되기로 순종했다. 아브라함의 독자 이삭의 희생은 하나님의 독생자 예수 그리스도가 우리 죄를 대신해서 갈보리 산에서 희생제물이 된 것을 상징한다.

야곱

야곱의 여정은 브엘세바(창 27장), 벧엘(창 28:19), 하란(창 29:4), 길르앗 산(창 31:23), 마하나임(창 32:2), 브니엘(창 32:30), 숙곳(창 33:17), 세겜(창 33:18), 벧엘(창 35:3), 베들레헴(창 35:19), 헤브론(창 35:27), 브엘세바(창 46:1), 이집트(창 46:6)를 거치면서 나그네로서 유리하며 살았다.

함무라비 법전

야곱의 일생은 야곱 자신이 이집트의 바로 앞에서 고백한 말을 통해 살펴볼 필요가 있다. 야곱의 일생은 속이는 일 "나는 아버지의 맏아들 에서로서이다(창 27:19)" 라고 장자의 축복을 가로채기 위해서 아버지를 속였고 자기 자녀들에게 속았다. 자기가 가장 사랑하는 아들 요셉을 너무 사랑한 나머지 다른 아들들이 시기해서 요셉을 이집트에 노예로 팔아버리고 양의 피를 묻혀서 악한 짐승에게 잡아 먹혔다고 거짓말을 하는 아들들에게 속아서 오랜 세월동안 슬픔으로 살았다. 그래서 야곱은 바로 앞에서 나는 험악한 세월을 보냈다고 고백했다(창 47:9). 그야말로 한평생 살면서 속이고 속고 험악한 세월을 보낸 것이 야곱의 인생이다.

야곱은 장자의 축복을 가로챈 후 형의 낯을 피해 아버지의 집을 떠나 하란으로 도망갔다. 하란에서 브엘세바로 돌아오는 길에 야곱이 에서를 만나기 전에 얍복강이 흐르는 브니엘에서 천사와 씨름을 했고 하나님을 끝까지 의지하면서 자기의 환도뼈가 부러지기까지 하나님의 사자의 손을 놓지 않고 당신이 내게 복주기 전에는 당신을 놓아줄 수 없다고 끝까지 하나님을 의지하면서 승리자라는 이름을 받게 되었다(창

32:28). 천사는 '네가 하나님과 겨루어 이겼다'라고 말했다. 야곱은 수많은 약점과 거짓 속에 살았지만 끝까지 하나님을 의지하면서 승리자라는 이름을 받았다.

요셉과 그의 역사관

창세기 1장에서 11장까지는 에덴동산, 홍수, 바벨탑 등 사람들이 저지른 죄악과 하나님의 심판에 관한 이야기가 있다. 창세기 12장에서 50장은 아브라함, 이삭, 야곱, 요셉 등 하나님이 족장들을 선택해서 범죄한 사람들을 구원하시기 위해 펼치는 구원의 역사가 전개되고 있다. 하나님의 선택을 받은 족장들이 메소포타미아를 출발해서 가나안 땅으로 갔다가 야곱과 요셉 시대에 이집트로 내려갔다. 그래서 창세기가 끝날 무렵 족장들의 후손은 이집트에 살고 있었다.

'온' 지역을 그리스 시대에는 '헬리오폴리스'라고 했다. 태양신 '라'를 섬기던 도시로서 요셉은 태양신을 섬기던 온 제사장 보디베라의 딸 아스낫과 결혼했으며 므낫세와 에브라임은 아스낫이 낳은 아들들이다(창 41:45-52). 이집트는 태양신을 최고의 신으로 섬겼는데 최고 신의 제사장이니까 신분이 높은 이집트의 귀족과 결혼했다고 볼 수 있다. 요셉이 국무총리를 했기 때문에 귀족의 딸과 결혼을 할 수 있었다.

요셉의 역사관을 우리가 살펴 볼 필요가 있다. 역사는 우연한 것이 아니며 사람의 계획이 역사를 바꿀 수 없으며 하나님이 역사의 주관자이시며 역사는 하나님의 섭리 속에서 이루어진다고 믿었다.

> 나를 이리로 보낸 이는 당신들이 아니요 하나님이시라 하나님이 나를 바로에게 아버지로 삼으시고 그 온 집의 주로 삼으시며 애굽 온 땅의 통치자로 삼으셨나이다(창 45:8)

요셉은 역사를 바라보는 눈이 분명하고 하나님 중심적인 역사관을 가지고 있었기 때문에 끝까지 하나님을 의지할 수 있었다.

헬리오폴리스의 오벨리스크

3

출애굽 이야기

1. 모세
2. 출애굽 이야기
3. 십계명

출애굽기는 출애굽기간(BC 1446-1406년)에 모세가 기록한 것이다. 1~4장은 하나님께서 노예로 전락한 이스라엘 백성의 고통을 보시고 지도자 모세를 세우셨다. 5~12장은 모세와 바로의 대결하는 모습이다. 13~18장은 이집트 탈출에서 시내 산 도착까지의 여정을 그렸다. 19~40은 시내 산에서 하나님의 율법을 받고 신앙생활의 중심이 될 성막을 세운다.

출애굽의 의미

출애굽의 소망과 약속은 이미 일찍부터 시작되었다. 하나님께서 아브라함에게 네 자손이 큰 재물을 이끌고 나오리라고 말하고 있다(창 15:14). 야곱의 유언 '애굽에 나를 장사하지 말라'(창 49:29-30)는 것은 애굽에 영원히 있기를 바라지 아니하고 가나안 땅에 갈 것을 소망한 말이다. 요셉의 유언 '내가 이집트에서 죽을지라도 출애굽 때 내 해골을 메고 올라가라'(창 50:25)는 말은 출애굽을 기정사실로 믿고 이집트 땅이 영원한 것이 아니고 가나안 땅에 들어갈 것을 믿었기 때문이다. 출애굽의 영적 의미는 우상과 죄로부터의 탈출을 의미한다.

출애굽의 첫 번째 목적은 애굽의 신들을 버리고 하나님을 섬기는 백성으로 삼고자 하심이었다. 특히, 시내 산 언약을 통해 야웨(여호와) 신앙을 확고히 했다.

이스라엘의 하나님 여호와께서 이렇게 말씀하시기를 내 백성을 보내라 그러면 그들이 광야에서 내 앞에 절기를 지킬 것이니라 하셨나이다(출 5:1)

너는 그들의 신을 경배하지 말며 섬기지 말며 그들의 행위를 본받지 말고 그것들을 다 깨뜨리며 그들의 주상을 부수고 네 하나님 여호와를 섬기라(출 23:24-25)

출애굽의 두 번째 목적은 노예가 된 이스라엘 백성들에게 약속의 땅을 주시기 위함이었다. 출애굽을 통해서 이스라엘 자손들은 시내 산에서 하나님의 율법을 받고 성막을 지어 여호와 하나님을 섬기는 법을 배우게 되었다. 또한 출애굽 사건을 통해 이스라엘 사람들은 국가를 형성하여 약속의 땅 가나안에 거하게 되었다.

가나안 땅 곧 그들이 거류하는 땅을 그들에게 주기로 그들과 언약하였더니(출 6:4)

이집트의 노예들이 국고성을 쌓기 위해 구웠던 벽돌, 나일 강의 진흙을 짚과 섞어서 구웠다. - 대영박물관 소장

1. 모세

King Hatshepsut

모세와 하셉수트 공주

야곱시대에 이집트로 내려갈 때에 약 70명 정도였던 야곱의 자손들(이스라엘 사람들)은 약 400년을 지내면서 그 인구는 엄청나게 불었다. 이집트 사람들은 이스라엘 사람들을 경계하기 시작했다. 마침내 이집트 왕 바로는 이스라엘 인종 말살정책을 썼다. 히브리인들 중에는 여자 아이가 태어나면 살려두고, 남자 아이가 태어나면 나일 강에 빠뜨려 죽였다.

나일 강은 물이 아래에서 위로 흐르기 때문에 아래를 상 이집트, 위를 하 이집트라고 부른다. 나일 강의 물이 지중해 바닷물 보다 더 무거워 바닷물을 밀어내고 강물이 바다로 흐르기 때문에 농사가 가능하다. 만약, 바닷물이 강물을 밀어내고 들어오면 농사를 지을 수가 없었을 것이다. 이것이 다 하나님의 창조의 법칙이라고 할 수 있다.

출애굽기를 생각하면 모세를 생각하지 않을 수 없다. 기원전 15세기 출애굽설에 의하면 모세를 나일강에서 건진 공주가 하셉수트 공주로 알려져 있다. 하셉수트는 투트모스 1세의 딸인데 아들을 낳지 못하고 나일 강에 목욕하러 나왔다가 아기 모세를 주워 길렀다. 그녀는 남편(투트모스 2세)을 이어 남편의 첩이 낳은 어린 아들(투트모스 3세)을 대신해서 20년 동안 섭정 왕이 된다. 그래서 여자이지만 항상 수염을 기르고, 남장을 하고 남자처럼 보이기를 원했다. 그녀가 남긴 석상에는 수염이 길러져 있는 모습을 볼 수 있다.

하셉수트

모세를 나일강에서 건진 하셉수트 공주는 투트모스 3세의 섭정 바로였기 때문에 모세는 투트모세 3세와 함께 이집트 왕궁에서 자랐다고 할 수 있다. 모세가 이집트 사람을 죽였을 때 모세의 생명을 찾던 이집트 왕이 바로 이 투트모스 3세이다. 모세는 이 투트모스 3세를 피해서 미디안 광야에 숨어 지내면서 양을 치다가 떨기나무 불꽃 가운데서 하나님의 부르심을 받았던 것이다.

이집트의 오벨리스크는 태양신 숭배의 상징으로 대리석으로 만들어서 태양빛을 받으면 찬란하게 빛이 난다. 기둥에 있는 상형문자는 투트모스 3세의 업적을 기록하고 있는데 이 오벨리스크 꼭대기에 태양신 아몬과 이집트 왕(투트모스 3세)이 악수하는 모습이 새겨져 있다. 그것은 왕권이 태양 신으로부터 왔다는 것을 백성들에게 보여줌으로써 통치의 권위를 가지기 위한 수단으로 오벨리스크가 사용되었다.

모세와 바로의 대결, '여호와가 누구관대?'

모세와 바로의 대결은 '모세의 신과 이집트 왕 바로의 신의 대결'로 볼 수 있다(출 7-11장). 기원전 15세기 출애굽 설에 의하면 아멘호텝2세가 모세와 대결한 바로인데 암소(하토르)의 젖을 먹고 있는 장면을 볼 수 있다. 머리에 있는 코부라는 이집트 왕 바로를 상징한다. 하토르가 암소 신인데 이집트 사람들은 소를 신으로 숭배했다. 하토르의 젖을 먹고 자랐다는 것은 '나는 신의 젖을 먹고 자랐으며 나는 곧 신의 아들이다!'는 것을 뜻한다. 이집트 왕 바로가 암소 신의 젖을 먹고 자랐다는 것은 모세 당시 이집트 사람들이 소를 신으로 숭배했다는 것을 단적으로 보여준다. 이스라엘 사람들이 이집트에서 소를 신으로 섬기던 습관이 몸에 베어서 시내 산 밑에서 금송아지를 만들었던 배경을 쉽게 알 수 있다.

히토로 신의 젖을 먹고 있는 아멘호텝 2세
- 카이로 박물관

하나님은 모세를 통해 이집트에 10가지 재앙을 내리셨다. 이 재앙은 이집트 신들에 대한 형벌이었다. 첫 번째 재앙인 모세가 던진 지팡이의 뱀이 이집트의 술객들이 던진 뱀을 삼켰다는 것부터가 그렇다. 이집트 사람들에게는 뱀도 신의 모습인데 모세가 던진 뱀이 삼켰다는 것 자체부터가 이집트 신의 패배를 예고하는 것이다. 결국 여호와께서는 애굽의 모든 신들에 벌을 내리시고 여호와만이 홀로 유일하신 하나님이심을 입증하셨다(출 12:12). 흑암 재앙은 이집트 사람들이 섬기던 최고의 신인 태양 신을 무력케 한 것이고, 우박 재앙은 천기를 주관하는 신을 무력하게 했다. 나일 강이 피로 변하고 개구리, 메뚜기 재앙은 이집트의 풍요의 신에 대한 재앙이다. 장자의 죽음은 신의 아들이며 대리자로서 왕의 뒤를 이을 후사가 죽는 재앙의 극치이며 이런 재앙을 통해서 이집트 사람들이 섬기는 신은 아무것도 아니고 여호와가 참 하나님이심을 나타낸 것이다.

출애굽을 위해 이집트에 내렸던 열 가지 재앙은 다음과 같다. 첫째는 나일 강이 피로 변한 것이다(출 7:14-25). 둘째는 개구리떼 재앙이다(출 8:1-15). 셋째는 이 재앙이며(출 8:16-19), 넷째는 파리떼 재앙(출 8:20-32)이다. 다섯째는 짐승을 죽이는 돌림병이며(출 9:1-7) 여섯째는 종기 재앙(출 9:8-12), 일곱째는 우박 재앙이다(출 9:13-35). 여덟 번째는 메뚜기떼 재앙(출 10:1-20), 아홉 번째는 흑암 재앙(출 10:21-29), 그리고 열 번째는 장자가 죽는 재앙이었다(출 11장).

투트모세 3세의 오벨리스크
이스탄불의 히포드롬

모세와 바로의 대결에 대해 생각해 보자. 요셉이 총리로 이집트에서 곡식정책을 쓸 때에는 힉소스왕조 시대이다. 힉소스 왕조(Hyksos)는 이집트의 13왕조에서 17왕조(약 1783 – 1550 BC)까지 아바리스(Avaris)를 수도로 다스리던 아시아 계통의 외국인 왕조이다. 요셉을 알지 못하는 왕(출 1:8)은 힉소스왕조가 끝나고 테베를 중심 한 18왕조(아흐모세(Ahmose 1 부터 시작)의 왕들이다(1550 – 1292 BC).

이제 힉소스왕조가 물러가고 새로운 왕조, 즉 요셉의 은덕을 알지 못하는 새로운 왕조가 출현하면서 히브리 사람들을 박해하기 시작했다. 이런 박해 속에서 하나님께서 히브리 사람들을 출애굽 시키기 위해 모세를 지도자로 세워 바로 앞에 세운다. 하지만 바로는 "여호와가 누구이기에 내가 그의 목소리를 듣고 이스라엘을 보내겠느냐?"하고 하나님을 인정하지 않았다(출 5:2). 모세는 하나님을 경험하고 체험하기는 했지만 하나님의 이름을 몰랐다. 야훼라는 이름조차도 시내 산에서 하나님과 대면해서 율법을 받기 전까지 몰랐다.

이집트의 신들을 보면 이집트의 모든 신들은 테베나 멤피스 등을 중심으로 고향을 가지고 있었다. 어떤 신은 룩소에, 어떤 신은 멤피스나 온 지역에 신전이 있었다. 이집트 신들은 뱀, 매, 개구리 등의 형상을 가지고 있었다. 예를 들어 투트모스라고 할 때 '투트'는 '따오기 새'란 말인데 '따오기 새'도 이집트의 신이다. 투트모스1세는 따오기 신을 섬기는 모세1세, 투트모스2세는 따오기 신을 섬기는 모세2세를 뜻한다. 라암세스는 태양신 라(Ra)를 섬기는 암세스를 말한다. 이집트 사람들이 신을 형상으로 만들던 시대에 모세는 하나님을 어떤 형상으로도 만들지 말라고 한 것은 그 당시로 보면 신관에 대한 혁명적인 사상이라고 할 수 있다.

모세의 하나님은 이름도 없는 신(Nameless God), 고향도 없는 신(homeless God), 신전도 없는 신(houseless God), 형상도 없는 신(formless God)이었다. 신을 형상으로 만들던 이집트 사람들의 기준에서 보면 이런 신은 신도 아니었다. 이집트의 바로가 여호와가 누군관대 내가 그의 말을 듣고 너희를 보내겠느냐라고 한 말은 그들의 신관에서는 충분히 나올 법한 말이었다.

모세의 신관

모세의 신관은 오늘 우리에게 고등종교에서의 신관이 어떠해야 하는지를 가르쳐

주기에 충분하다. 신이 어느 지방에나 신전에 갇혀 있으면서 특정한 형상을 가진 존재라면, 그런 신을 어떻게 전지전능하고 무소부재한 신이라고 할 수 있겠는가? 모세 당시 이집트, 메소포타미아, 가나안 땅 등지에서 모든 사람들이 신을 형상으로 만들던 시대에 하나님을 어떤 형상으로든지 만들지 말라고 한 모세의 십계명은 이집트에서 교육을 받았던 모세에게서 나온 것이 아니고 하나님의 계시의 말씀이었다는 것을 알 수 있다. 모세에게 있어서 형상으로 만들어 섬겼던 이집트의 신은 신도 아니었다.

이집트 사람들이 최고의 신으로 섬겼던 태양을 모세는 하나님이 만드신 피조물이라고 했다(창 1:16). 사도 바울도 마찬가지로 에베소 사람들의 아데미를 신이 아니고 우상이라고 용기 있게 말한 것을 알 수 있다.

나일 강

2. 출애굽 이야기

출애굽기 지도

출애굽 사건은 고센 땅 라암셋에서 출발한다. 고센 땅에 있는 라암셋(Ramses)은 소안(Zoan, 시 78:12, 43–52), 또는 타니스(Tanis)라고 불린다. 이 부근이 힉소스 시대(Hyksos, 15–16왕조)의 수도이며 라암세스 2세는 여기에 왕궁을 지었고 21–23왕조 통치자들의 출생지이기도 하다. 모세시대에 이스라엘 백성들이 노예로 살면서 국고 성을 쌓았던 벽돌들의 흔적들이 지금도 남아 있으며, 하나님께서 애굽에 열 가지 재앙을 내려 이스라엘 백성을 출애굽시킨 출발지이다. 이곳은 BC 332년 알렉산드리아로 수도를 옮길 때

시나이 반도의 홍해

까지 이집트의 중요 상업도시였다.

열 가지 재앙 이후 모세의 인도로 라암셋을 빠져나온 이스라엘 백성들은 숙곳과 에담을 거쳐 홍해바다 앞 비하히롯에 진을 쳤고 거기서 홍해바다를 육지처럼 건넜다. 바다가 갈라진 지점은 소안들(시 78:12-13)이며 수백만 명이 하룻밤에 건너자면 홍해는 상당히 넓고 크게 갈라졌을 것이다.

옛적에 하나님이 애굽 땅 소안 들에서 기이한 일을 그들의 조상들의 목전에서 행하셨으되 그가 바다를 갈라 물을 무더기 같이 서게 하시고 그들을 지나가게 하셨으며(시 78:12-13)

시편에는 홍해가 갈라진 곳이 소안 지역으로 기록되어 있다(시 78:13). 소안은 지금의 타니스(이스말리아 부근)이며 출애굽 당시의 이름은 라암셋이다. 애굽의 소안은 가나안 땅의 헤브론보다 7년 뒤에 세워진 도시이다(민 13:22). 이스라엘 백성들이 국고 성을 쌓던 곳(출 1:11)이며 출애굽의 출발지이다(출 12:37).

출애굽 한 인구를 보면 시내 산에서 1차 인구조사를 할 때 20세 이상 전쟁에 나갈 수 있는 장정만 603,550 명이었다(민 1:46). 여기에 여자와 아이들, 노인들까지 합치면 그 숫자는 엄청났다. 그 외에 많은 다른 민족들도 출애굽에 동참했다(출 12:38). 출애굽 1세대들이 죽고 모압 평야에서 2차 인구조사를 할 때에는 601,730명 이었다(민 26:51).

블레셋 사람의 땅의 길은 가까울지라도 전쟁이 있는 길이었다. 하나님은 출애굽 한 이스라엘 백성들이 전쟁을 보면 마음이 약해져서 좌절할까봐 오히려 전쟁이 없는 광야 길로 인도하셨다. 또 하나님의 뜻이 시내광야에서 하나님 섬기는 법을 가르치고 율법을 주시기 위한 계획도 있기 때문에 그리로 인도하신 것이다.

모세는 백성들을 인도하여 홍해를 건너고 수르광야로 들어가서 물을 찾지 못하고 마라에 이르러 쓴물을 만나게 된다. 바닷물이라 소금기가 있어서 써서 마시지 못할 물이었다.

마라에 이르렀더니 그 곳 물이 써서 마시지 못하겠으므로 그 이름을 마라라 하였더라(출 15:23)

모세가 하나님께 기도하여 쓴물을 단물로 바꾸어 사람들로 마시게 한 뒤 그들을 엘림으로 인도했다. 모세는 이집트에서 자랐지만 이집트 사람을 죽이고 광야에 도피생활을 하면서 그 주변 지역을 잘 알고 있었다. 모세는 출애굽 과정에서 많은 사람들을 인도할 때 물이 절대적으로 필요하다는 것을 느꼈으며, 마라나 엘림 같은 물이 있는 계곡을 따라 사람들을 인도했다.

에르라하 평원 – 시내 산 밑의 에르라하 평원으로 이스라엘 백성들이 진을 쳤다고 전해지는 곳

하나님께서는 광야에 있는 이스라엘 백성들을 추운 밤에는 불기둥, 무더운 낮에는 구름기둥으로 인도하시고, 갈증을 느낄 때는 반석에서 물을 내셨고, 배고플 때는 만나를, 고기가 먹고 싶을 때는 메추라기를 주셨다.

출애굽기는 라암셋에서 시내 산까지의 기록이며, 민수기는 시내 산에서 모압 평야까지의 일을 기록하고 있다. 레위기는 제사의식을 기록했으며, 신명기는 모세가 죽기 전에 모압 평야에서 마지막으로 이스라엘 백성들에게 유언으로 권면하는 설교를 담고 있다. 이 모든 책은 출애굽 과정에서 모세가 기록한 것이다. 창세기, 출애굽기, 레위기, 민수기, 신명기를 모세 5경으로 부른다.

3. 십계명

시내 산에 도착한 이스라엘 백성들은 시내산 밑에 캠프를 치고 머물렀으며 모세는 2,286m되는 산 정상에 혼자 올라가 우뢰와 번개 가운데서 하나님을 만나 십계명을 비롯한 율법을 받았다.

모세는 구름 속으로 들어가서 산 위에 올랐으며 모세가 사십 일 사십 야를 산에 있으니라(출24:18)

하나님께서는 모세가 출애굽한 지 3개월 후에(출19:1) 하나님의 백성을 시내 산으로 인도했으며 시내 산에서 이스라엘 백성들에게 율법을 주셨다. 이 율법 안에는 하나님을 섬기는 법, 의식법, 도덕법, 시민법, 민법, 형법 등이 다 포함되어 있다. 그 중에서 제일 큰 계명은 십계명이었고, 십계명을 크게 둘로 요약하면 1-4계명은 하나님을 향한 계명이고, 5-10계명은 사람을 향한 계명이다.

너는 네 하나님 여호와의 이름을 망령되게 부르지 말라(출 20:7, 레 22:32)

시내 산 정산

십계명에는 너희는 하나님의 이름을 망령되게 부르지 말라고 한다. 유대인들은 너무나 위대하고 높으신 하나님의 이름을 감히 입으로 부를 수가 없어서 발음할 수 없는 자음으로만 표기하고 읽을 때는 '아도나이'(주님)라고 읽었다. 자음만으로 된 하나님의 이름을 영어 알파벳으로는 'YHWH'라고 억지로 표기를 하고 있다. 영어성경에서는 'YHWH' 대신에 아예 'the Lord'(주님)라고 표기를 하고 있다. 그러나 한글 성경은 하나님의 이름을 발음할 수 있도록 모음을 부쳐서 '야훼' 또는 '여호와'로 표기해서 이름을 함부로 부르고 있다. 히브리 인들의 정신을 따르면 'ㅇㅎ'로 표기하고 '주님'으로 발음하는 것이 맞다. 그렇지 않으면 영어성경처럼 하나님의 이름 대신에 '주님'으로 표기하는 것도 좋다.

한국교회 교인들은 높은 사람이나 연배 또는 자신들의 아버지 이름도 함부로 부르지 않는 언어적으로 존대 문화 속에 살면서도, 지극히 높으신 하나님의 이름은 함부로 부르고 있는 셈이다. 십계명 중에 셋째 계명은 하나님의 이름을 망령되게 부르지 말라고 하셨다(출 20:7).

출애굽 연대 요약 (유대 종교력에 기준)

'출애굽한 달을 해의 첫 달로 삼으라'(출 12:2). 출애굽한 달을 신앙적으로 해의 첫 달로 삼았다. 이것이 히브리인들의 종교 달력이다. 유대인들은 3가지 달력을 기준으로 양력, 유월절이 해의 첫 달인 종교 달력, 7월 1일을 농사의 신년으로 하는 농사달력으로 구분해서 사용한다.

이집트를 떠난 것은 제 1년 1월 15일이다(민 33:3). 신(Sin)광야(엘림과 시내 산 사이)에 도착한 것은 제 1년 2월 15일 (출 16:1), 시내 산에 도착한 것은 제 1년 3월 1일(출 19:1)이다.

on the first day of the third month after they had left Egypt they came to the desert of Sinai (TEV)

십계명과 율법을 받은 것은 제 1년이고(출 20:1–31:18), 성막이 세워진 것은 제 2년 1월 1일이다(출 40:17). 제사법을 받은 것은 제 2년 1월(레 1:1), 이스라엘의 첫 인구 조사를 한 것은 제 2년 2월 1일(민 1:1), 시내 산에서 1년 동안 머물다가 시내 산을 떠나 다시 가나안 땅으로 출발한 것은 제 2년 2월 20일이다(민 10:11). 모압 땅에서 하나님의 율법을 설명(신명기) 받은 날은 제 40년 11월 1일이다(신 1:3).

대추야자 열매 – 대추야자 열매는 실란(Silan)이라는 시럽을 만든다. 실란은 모양이나 맛이 꿀과 같다. 젖과 꿀은 이스라엘 땅의 과일을 말한다(민 13:27).

시내 산을 떠나 가나안 땅으로 가면서 이스라엘 사람들은 바란 광야의 가데스에서 정탐군을 파송해서 가나안 땅을 정찰하지만, 여호수아와 갈렙을 제외한 정탐군들의 불신앙으로 쉽게 들어갈 수 있는 가나안 땅을, 38년 동안이나 들어가지 못하고 광야에서 방랑생활을 해야 했다.

모세가 정탐하게 했던 가나안 땅은 포도, 석류, 무화과, 대추야자 열매 등 과일이 많았다. 이스라엘은 과일이 익는 여름철에 거의 비가 오지 않으며 일조량이 많기 때문에 과일의 당도가 매우 높다. 젖과 꿀이 흐르는 땅은 그 땅의 과일이라고 성경에는 말하고 있다(민 13:27). 흔히들 종려나무 열매라고 알려진 대추야자 열매로 만들어진 실란(Silan)이라는 시럽은 모양이나 맛이 꿀과 같으며 오늘 이스라엘의 식탁에서 흔히 볼 수 있다.

유월절과 출애굽 시각을 요약해보면 애굽에서 유월절 양을 잡은 시각은 1월 14일 해질 때이며(출 12:6) 애굽에서 출애굽 한 시각은 1월 15일 해질 때이다(민 33:3, 신 16:6). 가나안 땅에서 유월절 제물을 드리던 시각은 1월 15일 해질 때(신 16:6)이며 예수님 당시 유월절 양을 잡은 시각은 무교절 첫날(1월 15일) 해질 때였다(막 14:12).

성경에 나타난 구원의 징표

성경은 구원의 징표를 여러 곳에 나타내고 있다. 하나님이 아담과 하와를 위해 가죽옷을 지어 입히신 것 자체가 구원의 징표이다(창 3:21). 출애굽 때는 하나님께서 양의 피를 문설주에 뿌리고 집안에 있으면 재앙이 건너뛴다(Passover, 유월절)고 하셨다(출 12:22-23). 이것이 유월절의 의미인데 이집트에서 장자가 죽는 재앙에서 구원을 받은 것이다. 하나님이 아담과 하와를 위해 가죽옷을 지어 입혔듯이 유월절에 양의 피를 문설주에 뿌려 구원을 받게 하신 것이다. 놋뱀을 만들어 장대에 매달아 독사에게 물린 자마다 그것을 보고 살게 하심으로 광야에서 구원을 베푸셨다(민 21:8). 기생 라합이 정탐군을 숨겨준 후에 창에 달아 내린 붉은 줄로 온 가족이 구원받게도 하셨다(수 2:18-21). 모세가 광야에서 뱀을 든 것 같이 인자도 들려야 하리니 이는 그를 믿는 자마다 영생을 얻게 하려 하심이니라(요 3:14-15). 예수님이 우리의 죄를 위해 십자가에 달려 죽으시고 누구든지 그를 믿으면 구원을 받게 하셨다.

싯딤(Shittim, Acacia Valley)에서 이스라엘의 음행(민 25:1-5)

이스라엘 백성들이 가나안에 들어가기 전 마지막에 진을 친 것이 모압 땅 아벨 싯

딤이다. 싯딤은 아카시아 나무를 말하는데 이스라엘 백성들이 거기서 음행에 빠지게 된다. 모압 여인들이 이스라엘 백성들에게 올무를 놓는다. 자기 신들(바알)에게 제사할 때 이스라엘 백성들을 초청했다. 이방여인의 초청으로 우상의 제물을 먹으면서 음행을 했던 것이다(출 34:15-16). 이스라엘 백성들은 음식을 먹고 브올의 바알 신을 예배하는 사람(Worshipper of Baal of Peor)이 되었다. 바알 신을 예배하는 데는 종교의식으로 음행이 포함되어 있었다. 이것이 신전음행이다. 모세는 이스라엘 백성에게 '깨닫는 마음과 보는 눈과 듣는 귀는 오늘 여호와께서 너희에게 주지 아니하셨느니라'(신 29:4)는 말씀처럼 말씀을 아무리 받아도 그 속에 있는 참의미를 알지 못하면 받은 것이 의미가 없다는 뜻이다. 그래서 기도하면서 깨닫는 마음도 함께 받아야 한다. 성경을 읽을 때 이해의 조화가 필요하다.

모세의 설교(신명기) – 모압 평야에서

신명기의 사건은 40년의 방황이 끝나고 가나안 땅에 들어가기 직전 BC 1406년 경의 일이다. 여호수아와 갈렙 외에는 모두 다 광야에서 죽고 이제 출애굽 2세대들만 남았다. 이때 모세가 이들을 두고 유언과도 같은 설교를 했다. 모세는 지난날을 회고하면서(1-4장) 이스라엘 백성들이 지켜야 할 규례와 법도를 가르쳤다(5-26장). 축복과 저주(27-30장) 사이에서 순종을 촉구했다(31-32장). 모세의 축복기도(33장)와 모세의 죽음과 그에 대한 평가가 기록되어 있다(34장).

이 언약은 여호와께서 우리 조상들과 세우신 것이 아니요 오늘 여기 살아 있는 우리 곧 우리와 세우신 것이라(신 5:3)

명 설교자 모세는 마지막 설교 후 가나안 땅이 잘 내려다 보이는 느보 산에 올라갔다. 힘들었던 지난 일들을 회상하며 늘 함께 해 주신 하나님의 은혜를 감사하고 인생을 마감했다. 신명기에서 모세가 그리스도를 예언했다.

네 하나님 여호와께서 너희 가운데 네 형제 중에서 너를 위하여 나와 같은 선지자 하나를 일으키시리니 너희는 그의 말을 들을지니라(신 18:15)

하나님이 너희 형제 가운데서 나와 같은 선지자를 세우리라 하던 자가 곧 이 모세라(행 7:37)

스데반이 사도행전의 설교에서 신명기에 기록된 모세의 말을 인용하고 있다. 모세가 말한 선지자가 바로 예수그리스도라고 스데반은 해석하고 있다.

모세의 고별설교(신 28-32장), 모세의 축복기도 (신 33장)는 예수의 고별설교(요 14-16장), 예수의 기도(요 17장)와 비교해서 연구하면 의미가 새로워질 것이다.

또 네 집 문설주와 바깥 문에 기록하라(신 6:9)

메주자(Mezuzah) - 쉐마를 넣었다

이것은 메주자(Mezuzah)인데 유대인들은 쉐마를 통 속에 넣어 문설주에 달아두고 들어가고 나갈 때마다 만지고 기도했다.

쉐마는 바로 신명기 6:4-5에 있는 말씀이다.

이스라엘아 들으라 우리 하나님 여호와는 오직 유일한 여호와이시니 너는 마음을 다하고 뜻을 다하고 힘을 다하여 네 하나님 여호와를 사랑하라(신명기 6:4-5)

출애굽 사건은 우리가 죄악을 떠나 하나님 나라를 향해 세상에서 행진하는 것과 같기 때문에, 이스라엘 백성들이 구름기둥과 불기둥의 인도를 받았던 것처럼 우리는 진리와 영감(하나님의 말씀과 성령님의 감동)의 인도함을 받아야 한다. 광야와 같은 세상에서 하나님을 섬기며 믿음으로 승리해야 하며, 여호수아와 갈렙 같은 신앙을 가져야 가나안 땅에 들어가게 된다.

4

율법, 성막, 제사의식

1. 율법
2. 성막
3. 제사

출애굽기 20장에 기록된 십계명은 하나님께서 그의 선민 이스라엘에게 특권과 은총으로 주신 인류 최고의 종교적 윤리적 계율이다. 제물과 제사와 성막은 예수 그리스도와 예배와 교회를 예표한다. 레위기에는 하나님께 제사하고 하나님의 백성으로서 거룩하게 사는 성화에 대해 기록하고 있다.

1. 율법

1월 15일 출애굽 한 이스라엘 백성들은 1달 반이 걸려서 3월 1일에 시내 산에 도착했다. 시내 산에서 1년을 머물면서 하나님의 율법을 받아서 하나님 섬기는 법을 배웠다.

모세는 시내 산에서 십계명을 중심한 율례와 하나님이 거할 성소를 만드는 식양과 하나님을 섬기는 제사 규례를 받았다. 모세가 시내 산에서 받은 십계명을 비롯한 율례는 세계 법률의 고전이 되었다.

하나님께서는 시내 산에서 이스라엘 백성들에게 명령(Commandments)을 주셨다. 이 명령 안에는 하나님을 섬기는 법, 의식법(Ceremonial law), 도덕법(Moral law), 시민법(Civil law), 민법, 형법 등이 포함되어 있다. 그 중에서 큰 계명은 십계명이었고(출20장) 십계명을 크게 둘로 요약하면 첫째는 하나님을 사랑

큰 계명– 10 계명(출 22장) – 구약	
다른 신을 섬기지 말라	부모를 공경하라
우상을 만들지 말라	살인하지 말라
하나님의 이름을 함부로 사용하지 말라	간음하지 말라
안식일을 지키라	도적질하지 말라
	거짓 증거 하지 말라
	이웃을 탐내지 말라

가장 큰 계명– 사랑(눅 10:27) – 신약	
마음과 정성과 힘과 뜻을 다하여 주 너의 하나님을 사랑하라	네 이웃을 네 몸과 같이 사랑하라

시내산 정상의 일출

이집트 신들의 모습 – 카이로 박물관

하고, 둘째는 이웃을 네 몸과 같이 사랑하라는 것이다(눅10:27).

고대 이집트와 메소포타미아에는 신들이 많았고 그 많은 신들을 형상으로 만들었다. 그러나 여호와 하나님은 유일한 신이며 하나님을 그 어떤 형상으로든지 만들지 말라고 하셨다. 이것이 십계명에 나타난 여호와 하나님의 특징이다.

너는 나 외에는 다른 신들을 네게 있게 말라, 너를 위하여 새긴 우상을 만들지 말고...

신을 형상으로 만들던 고대 사회에서는, 신에 대한 획기적인 가르침으로 이집트에서 교육을 받은 모세의 교육배경에서는 나올 수 없는 하나님의 계시였다.

고대 이집트 사람들은 섬기는 신들도 많았고 그 형상들도 많았다. 사람의 형상, 동물의 형상, 자연 현상들을 신의 모습으로 표현했다. 하나님께서 아브라함에게 우상의 도시 메소포타미아를 떠나게 하신 것처럼, 이스라엘 백성들에게 우상의 도시 이집트를 떠나게 하시고, 가나안 땅에 들어가 우상을 섬기는 족속들을 쫓아내고 타협하지 말게 하셨다.

고대 근동 사람들은 소는 하늘에 있는 신이 지상에 내려 온 모습이라고 생각했다. 소는 힘과 생식력과 왕권을 상징했다. 이집트 사람들은 소와 송아지를 숭배하고 소로 상징되는 하늘의 신 호루스(Horus)와 아피스(Apis)와 하토르(Hathor)를 숭배했다. 이스라엘 백성들이 시내 산에서 금송아지를 만든 것은 이집트에 있을 때 보고 배운 종교적 습관 때문이었다(출32:24).

2. 성막

하나님의 성막과 이스라엘 백성들의 진지

레위기는 모세의 저작으로 시내 산 근처에서 1년 동안(BC1445-1444년) 성막건립과 인구조사를 할 때 기록되었으며, 성막을 중심으로 한 제사를 주로 다루고 있다.

Ark of the Covenant

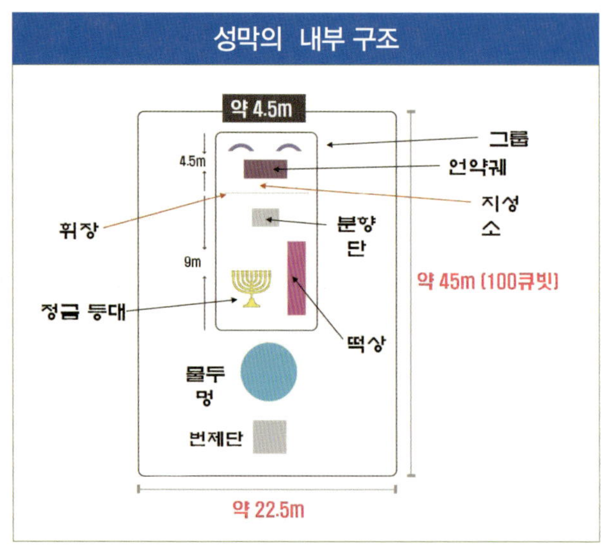

제사의 예표로 제물은 예수그리스도, 제사는 예배, 성막은 교회를 상징한다.

시내 산 밑에서 만든 성막은 인간의 생각을 따라 지은 것이 아니고 하나님의 지시에 따라 만들었다.

고대 근동 사람들은 산이나 강이나 사막 등 자연에는 그 곳을 다스리는 신이 있으며 신들은 자기 관할 구역을 벗어나면 힘을 쓸 수 없다고 생각했다. 신이 거하는 곳은 인간이 거하는 곳과 떨어져 있다고 생각했다. 그러나 하나님이 거하는 성막은 사람들의 텐트와 함께 있었고 하나님의 백성들이 이동할 때 함께 이동하였으며, 하나님은 이스라엘 사람들의 생활 가운데 있었다. 바로 이것이 고대 근동 사람들의 신에 대한 생각과는 차이가 있었던 것이다.

성막의 구조를 보면 성막 한 가운데에 성소와 지성소를 구분하는 휘장이 있고, 안쪽에는 지성소가 있고 밖에는 성소가 있었다.

언약궤, 이스라엘 팀나 공원내

지성소 안에는 언약궤를 날개가 달린 천사(그룹)가 호위하고 있고, 휘장 밖 성소의 분향단에는 네 귀퉁이에 뿔이 있고 여기에 향을 태워서 연기를 하나님께 올렸다. 성소의 우측에는 빵(진설병)을 올리는 빵 상이 있으며 좌측에는 등잔대가 있었다. 성막 밖에는 놋으로 만든 물두멍과 희생제물을 바치는 번제단이 있었다.

제사장의 복장을 보면 대제사장의 가슴에 달려있는 흉패에는 보석이 달려 있었다. 등잔대는 미노라(Menorah)라고 하는데 이스라엘 민족의 상징이 되었다. 성전에서 올리브기름으로 불을 켰던 일곱 등잔대는, 시내 산에서 모세가 본 불 붙은 가시덤불을 의미하는 유대인들의 가장 오래된 상징 중의 하나이다.

3. 제사

제사의 종류(레 1:1-7:27)에는 번제, 소제, 화목제, 속죄제, 속건제 5가지가 있다. 번제는 제물(소, 양, 염소)을 불로 태워 바치는 제사이다(레위기 1장). 소제는 곡식을 불로 태워 바치는 제사(레 2장), 화목제는 감사, 서원 등 제물(소, 양, 염소)을 불로 태워 바치는 제사이다(레 3장). 속건제는 하나님이나 이웃의 소유권에 대해 범죄 했을 때 드리는 제사로서(레 5:14-19) 속죄제와 다른 점은 손해를 끼친 것에 대해 구체적인 보상을 하면서 드리는 제사이다. 제물을 드릴 때에 바치고 난 것은 먹기도 했는데 기름과 피는 먹어서는 안 되었다(레 7:23-27). 이는 생명을 뜻하기 때문이었다.

제사를 드리는 방법으로는 불로 태워서 드리는 제사를 화제, 흔들어 드리는 제사를 요제, 위 아래로 올렸다 내렸다 하며 드리는 제사를 거제, 붓거나 마시는 제사를 전제라고 한다.

매일 드리는 제사를 상번제(민 28:3-8)라고 하는데, 1년 된 숫양 두 마리를 아침과 저녁으로 한 마리씩 화제로 드리고, 고운가루 1/10 에바에 기름 1/4힌을 섞은 소제와 독주의 전제를 드린다. 매주 안식일(민 28:9-10)에 드리는 제사는 1년 된 숫양 두 마리, 고운가루 2/10에 기름 섞은 소제와 전제를 드린다.

매월 지킬 것은 월삭 (민28:11~15)인데 화제는 수송아지 두 마리, 숫양 한 마리, 1년

초막 – 유대인들은 초막절에 초막을 지어놓고 거기 거하면서 출애굽 때 광야생활을 기억했다. 이스라엘 네오트 케두밈

된 숫양 일곱 마리를 바쳤다. 소제는 매 수송아지 한 마리에 고운 가루 3/10의 기름 섞은 소제, 숫양 한 마리에 2/10의 기름 섞은 소제, 매 어린양은 1/10의 기름 섞은 소제로 바쳤다. 전제는 수송아지 한 마리에 포도주 반힌, 숫양 한 마리에 1/3힌, 어린 양 한 마리에 1/4힌 상번제와 그 전제 외에 숫염소 한 마리를 속죄제로 드렸다.

유대인의 절기

이스라엘 백성들이 매년 지켜야 할 절기는 유대 종교력에 기준하여 다음과 같다.

1. 나팔절(ROSH HASHANAH, The New Year, 레 23;23-25)은 7월 1일이다. 이 날은 유대인의 새해로 나팔을 불어 하나님을 찬양하고 화제를 드리는 농사의 신년이다. 유대인의 신년은 종교 신년으로 유월절, 농사의 신년으로 나팔절, 우리의 양력으로 신년, 이렇게 셋으로 구분해서 생각해 볼 수 있다.

2. 속죄일(YOM KIPPUR, The Day of Atonement, 레 23:26-32)은 7월 10일이다. 이 날은 금식하며 민족의 범죄를 슬퍼하고 하나님께 화제를 드리는데, 1년에 한 번씩 대제사장이 지성소에 들어가서 자기와 백성들을 위해서 하나님께 속죄제를 드리는 날이다.

3. 초막절(장막절, 수장절, SUKKOT, The Feast of Tabernacles, The Feart of Ingathering, 출 23:16)은 7월 15일부터 7일간 초막에 거하고 8일째는 장엄한 대회로 모인다(민 29:35, 요7:37). 추수절로서 마지막 수확물인 포도와 올리브를 거두어들이는 시기이다. 연말에 밭에서 거두어 저장함을 감사하고 출애굽 때 광야생활을 생각하여 초막을 지어 그곳에서 생활을 했다.

4. 유월절(The Passover Fastival, 1월 14일)은 이집트에서 장자의 죽음을 면한 것을 감사하는 절기이다. 무교병절(1월 15일~21일, 레 23:6)은 누룩 없는 떡을 먹으며 애굽에서 급히 나온 것을 생각하는 날이다. 보리 수확은 1월 16일에 마을 주민들이 모여 축제와 함께 보리를 베어 첫 이삭 한 단을 제사장에게 가져갔으며, 제사장은 안식일 다음날 흔들어 소제를 바쳤다(레 23:10).

5. 초실절(SHAVOT, the Festival of Week, the Day of the First Fruits, the Feast of the Harvest, 칠칠절, 오순절, 레 23:16, 출 23:16)은 보리의 첫 소제를 드린 날부터 50일을 계수하여 밀의 새 소제를 드리는 날로 첫 열매를 거두게 됨을 감사한다. 밀은 수확하지만 무화가, 포도, 석류, 대추야자, 올리브는 초실만 하나님께 바치고 여름이 되어야 완전히 익는다(욜 2:23, 28 참조).

추가로 생긴 유대인의 절기

이후에 추가로 생긴 유대인의 절기는 아브월의 성전애도일(타수아 베암)로 5월 10일은 BC 586년 바빌론 제국에 의해서 파괴된 날을 애도하는 날이다. 우연의 일치인지는 몰라도 AD 70년 로마제국에 의해 예루살렘이 불타고 성전이 파괴된 것도 5월 10일이었다. 그래서 1세기 유다 역사가 요세푸스는 "우연의 일치가 아니고 하나님의 심판이다. 하나님의 뜻과 섭리에 의해서 이루어졌다." 라고 해석을 하고 있다.

수전절(하누카)은 더럽혀진 성전을 수리한 것을 기념하는 날이다. 알렉산더 대왕의 부하 시리아 왕 안티오쿠스 에피파네스 4세가 헬라문화와 종교를 심고자 예루살렘 성전에 제우스 신상을 세우고 돼지를 잡아 제사를 드려 성전을 더럽혔다. 이때 유다 하스몬가의 마카비 형제들이 저항운동을 일으켜 시리아 군대를 물리치고 BC 164년 성전을 청결케 하고 수리한 것을 기념하는 절기이다. 해마다 기슬르월의 25일부터 8일간 지켰으며, 첫 날에는 첫째 등잔과 가운데 등잔의 2개 등불을 켜고, 다음날부터 하루에 하나씩의 등불을 켰다. 맨 마지막 날에는 아홉 개의 등불이 다 켜짐으로 수전

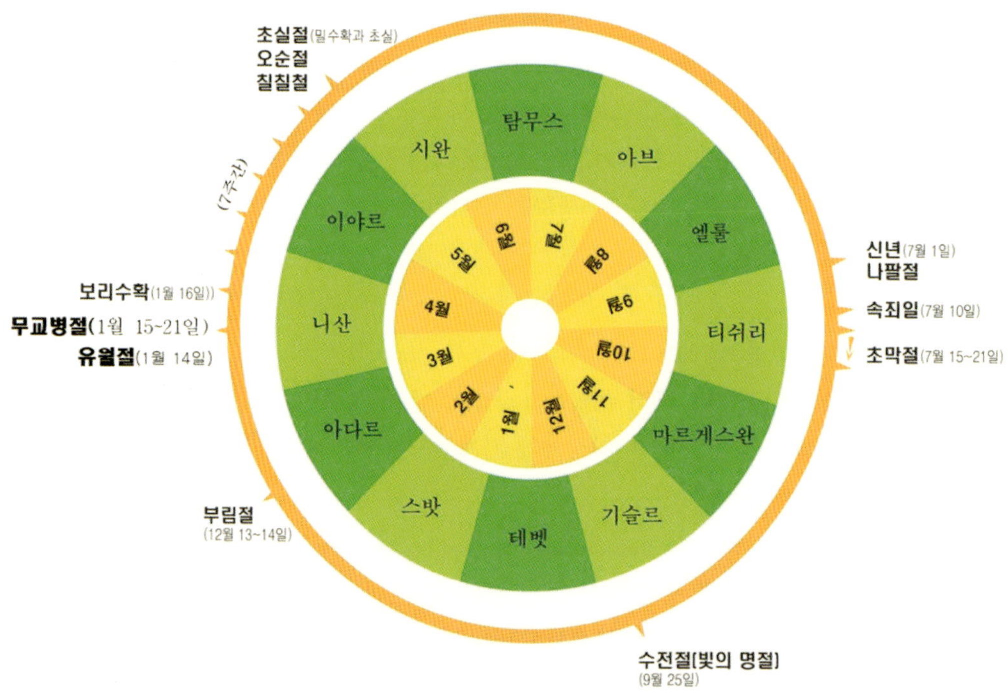

유대인 종교력 비교표

절을 빛의 명절이라고 불렀으며 예수님 당시에도 이 수전절을 지켰다(요 10:22-23). 여기에는 일화가 있다. 등잔대의 기름이 하루치 밖에 없었는데 불을 켜니까 8일이 갔다는 것이다. 그렇게 기적적으로 불이 꺼지지 않도록 기름이 공급된 것은, 하나님의 은혜와 기적이라는 데에서 유래되었다.

부림절(12월 14-15일)은 페르시아 시대 아각 사람 하만의 유대인 말살 음모가 있었을 때에 왕후 에스더의 노력으로 벗어난 것을 기념하는 절기이다(에9:21). 이스라엘 사람들은 해마다 부림절이 되면 에스더서를 읽는다. 그리고 사람들은 공주, 마녀 등 여러 가지 복장을 하고 거리로 나와 즐거운 축제를 즐긴다.

유대인의 달력과 우리 달력

유대인의 절기에 표기된 월은 유대인 종교 달력에 근거한다. 유대인들은 음력을 사용했으며 유대인들의 종교력에 대한 우리의 양력은 도표를 참조하기 바란다.

종교적으로 출애굽한 날을 첫째 달로 삼고 종교달력의 신년으로 삼았다. 1월 14일이 유월절이고 1월 15일부터 21일은 무교병절, 1월 16일은 보리수확이다. 보리수확 이후 7주간이 지난 다음에 밀을 수확하는데 밀 수확기를 초실절, 오순절, 칠칠절이라고 한다.

유월절이 되는 니산월은 우리 달력으로 3,4월에 해당된다. 오순절이 되는 시완월은 우리 달력의 5, 6월, 유대인의 농사 신년에 해당하는 7월 1일 나팔절 티쉬리월은 우리 달력의 9, 10월에 해당된다. 그래서 농사신년은 우리 달력으로 가을이다. 가을에 비가 오면 여름에 가뭄으로 딱딱했던 땅이 부드러워지기 때문에 쟁기로 땅을 갈고 곡식을 뿌리는 일을 시작한다. 이때 오는 비를 이른 비라고 한다. 가을에 오는 비가 이른 비이고 겨울에 오는 비가 늦은 비이다. 농사가 시작되는 가을에 비가 오면 땅이 부드럽고 연해져서 쟁기로 밭을 갈 수 있도록 농사가 시작되는 절기가 되는 데, 바로 그 때가 농사 신년이다.

7월 10일은 속죄일이고 7월 15일은 초막에서 일주일을 지내는 초막절이 시작된다. 수전절을 하누카라 하는데 기슬르월에 오며 우리 달력으로는 12월 25일이다. 부림절은 12월 13-14일인데 아다르월이며 우리 달력으로 2,3월에 해당된다.

율법의 기본 정신 – '쉐마'

성막과 제사의 예배규정은 하나님께 나아가는 의식적인 법이며, 십계명과 율례는 하나님의 백성으로 살아가는 도덕적인 법이다(출 20-23장). '쉐마'(Shema)는 율법의 근간이 되는 정신을 말하며 신명기 6장 4-5절이다.

이스라엘아 들으라 우리 하나님 여호와는 오직 유일한 여호와시니 너는 마음을 다하고 뜻을 다하고 힘을 다하여 네 하나님 여호와를 사랑하라(신 6:4-5)

율법과 의식과 모든 법의 기본 정신이 '쉐마'라고 볼 수 있다. 모세는 가장 큰 계명은 하나님을 사랑하는 것이라고 했다. 예수님은 하나님을 사랑하고 이웃을 사랑하는 것이 모든 율법과 선지자들의 강령이라고 하셨다. 즉 모든 의식법과 도덕법의 완성이다. 완성이 사랑에서 오는데 사랑은 위로 하나님을 사랑하는 것이고 옆으로는 이웃을 사랑하는 것이다. 이 두 가지가 모든 율법과 선지자들의 강령이고 기본 정신이다.

경통 – 쉐마(신 6:4-5)를 기록한 종이를 넣은 경통을 이마에 차고 있는 유대인들

5

가나안 땅 정복과 땅 분배 이야기

1. 여호수아
2. 사사기
3. 룻기

여호수아서는 백성들이 하나님을 순종하여 약속의 땅 가나안을 정복한 승리의 기록인데 비해, 사사기는 하나님을 순종하지 아니함으로 우상숭배에 빠져 번번이 패배하는 약 400년 동안의 역사 기록이다. 룻기는 여호수아라는 영웅이나 실패하는 사사들의 이야기와는 달리 한 가정의 가족 간의 행복한 이야기를 들려준다. 룻은 보아스와 결혼함으로 그들에게서 난 아들 오벳이 후일에 이스라엘의 가장 훌륭한 다윗 왕의 할아버지가 됨으로, 그리스도의 족보에 참여하게 되는 영광을 얻게 된다.

1. 여호수아

모세의 후계자였던 여호수아는 이스라엘 백성들을 가나안 땅으로 인도한다. 이스라엘 백성들은 아벨싯딤에 진을 치고 있었고 정탐꾼을 보내어 여리고를 정탐하게 했다. 가나안 땅에는 일곱 족속들 곧 가나안족, 헷족, 히위족, 브리스족, 기르가스족, 아모리족, 여부스족이 살고 있었다. 여호수아는 정탐꾼들이 여리고에 들어가서 도시를 정탐한 뒤에 긍정적인 보고를 하자, 요단강을 건너 여리고를 점령하기로 결심했다.

이스라엘 백성이 요단강을 건널 때는 보리 수확기로 물이 많아 강물이 넘칠 때 건넜다. 하나님의 언약궤를 멘 제사장들이 믿음으로 강물에 발을 디뎠을 때 강물이 갈라졌다. 하나님의 언약궤를 멘 제사장들을 앞세워 요단강을 건넜고(수 3:14-17), 요단

여호수아가 가나안 땅에 들어가기 위해 건넜던 요단 강

강을 건넌 시기는 1월 10일이었다(수 4:19).

하나님은 이스라엘 백성들이 요단강을 건넌 후 제사장들의 발이 선 곳에서 돌 열둘을 취하여 기념하라고 하셨다. 이것은 신앙의 역사와 문화를 보존하여 기념하는 박물관과 같은 역할을 한 것이다.

그 모든 백성이 요단을 건너가기를 마치매 여호와께서 여호수아에게 말씀하여 이르시되 .. 요단 가운데 제사장들의 발이 굳게 선 그 곳에서 돌 열둘을 택하여 ... 이것이 너희 중에 표징이 되리라 후일에 너희의 자손들이 물어 이르되 이 돌들은 무슨 뜻이냐 하거든 ... 언약궤가 요단을 건널 때에 요단 물이 끊어졌으므로 이 돌들이 ... 영원히 기념이 되리라 하라 하니라(수 4:1-7)

하나님은 열 두 돌을 보존해서 요단 강물을 갈라서 마르게 하시고, 이스라엘 백성들을 건너게 하신 기적을 후대에 전하라고 하셨다. '돌들이 소리지르리라', ' 돌들이 하나님의 뜻을 후대에까지 전하리라'라고 말씀하신 것처럼 돌이 역사의 사실을 입증해 주는 하나의 박물관 자료 역할을 했던 것이다. 하나님은 우상을 만들지 말라고 하셨지만 박물관은 만들라고 하셨다. 하나님이 하신 일을 후대에 전할 수 있는 유물과 유적으로 남겨두기를 원하셨던 것이다.

무너진 여리고 성

구약의 여리고 성 발굴 단면도(수6:1,5)를 보면 시대별로 여리고 성에 만들어진 여러 지층들이 있는데 그 지층들을 살펴보면, 무너진 붉은 벽돌 부분(Fallen Red Brick)이 바로 여호수아 시대 지층이고 벽돌이 무너져 불에 탄 부분이다. 고고학자들이 여리고를 발굴한 것과 성경의 내용을 비교해 볼 때, 여리고 성을 함락시킬 때 불을 질렀다고 했다(수 6:24). 또한 두 정탐꾼을 살려준 기생 라합의 집이 성벽 위에 있었다(수 2:15).

영국의 고고학자 카타린 케년(Kathleen Kenyon)의 '여리고 성 발굴 보고서'는 여리고 성의 함락에 대한 성경 말씀이 사실이었음을 고고학적으로 증명하고 있다.

파멸은 완벽하게 이루어졌다. 성벽과 밑바닥은 불에 타고 그을려 검게 되어 있었다. 방마다 무너진 벽돌, 대들보, 가재도구로 가득했다. 대부분의 방에는 무너진 조각들이 불에 심하게 타 있었다.

여호수아가 처음으로 정복했던 여리고 성터

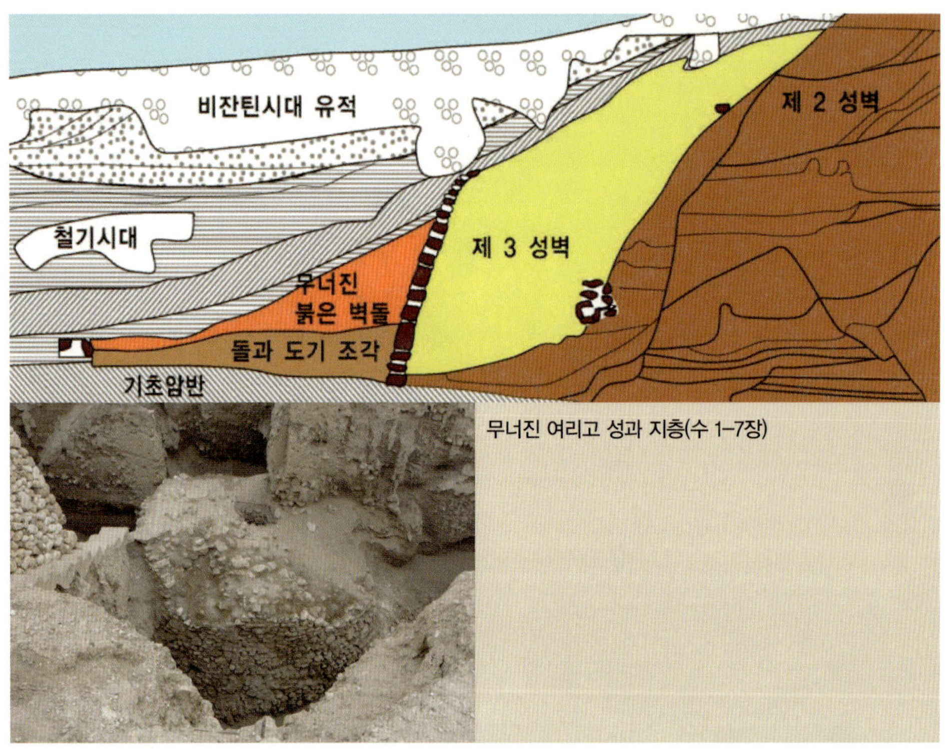

무너진 여리고 성과 지층(수 1-7장)

고고학자들의 발굴에 의하면 무너지지 않고 남아 있는 북쪽 성벽 위에 지어진 집이 있었는데 라합의 집으로 추정된다. 하나님께서 정탐꾼을 잘 도와주고 보호해 준 기생 라합의 집을 여리고성이 멸망하는 가운데서도 구원해서 살려주겠다고 약속하셨는데, 그 약속대로 라합의 집이 있었던 북쪽 성벽은 무너지지 않고 남아 있었다.

아간의 죄와 '괴로움의 골짜기'

여리고 성을 정복한 후에 성에 있는 물건들을 '하나님께서 손대지 말라'고 하셨는데 아간이 물건에 손을 댔다. 시날 산의 아름다운 외투 한 벌과 은 이백 세겔과 그 무게가 오십 세겔 되는 금덩이 하나를 훔쳤다(수 7:21). 시날 산은 시날 땅 바빌론 산을 말한다. 외투 중에서 바빌론 제품이 아주 유명한데 아간이 명품 보는 눈이 있었는지 시날 산 외투를 훔쳤다. 이것은 그 당시에 벌써 바빌론에서 여리고까지 무역이 있었다는 것을 말한다. 아간의 범죄로 이스라엘 사람들은 작은 아이 성을 치러갔다가 패하고 말았다. 큰 여리고 성도 점령했는데 작은 아이 성을 점령하지 못하고 패배했다는 것은, 전쟁의 승패는 상대의 힘에 있는 것이 아니고 하나님이 함께 하시느냐 아니냐에 달렸다는 것을 말해 준다. 결국 아간의 범죄를 찾아내어 그 죄를 심판한 뒤에야 이스라엘 백성들이 아이 성을 정복하게 된다.

이스라엘 백성들이 아간과 그 가족과 모든 소유물을 돌로 치고 불사른 다음 그곳 이름을 '괴로움의 골짜기'로 불렀다(수 7:1-26). 범죄자가 간 곳은 '괴로움의 골짜기' 즉 '아간 골짜기'였다.

가나안 땅의 분배

가나안 땅을 정복한 이스라엘 사람들은 열 두 지파에게 땅을 나누어 주었다. 아셀, 동므낫세, 서므낫세(므낫세 지파는 동서에 다 걸쳐서 땅을 분배 받음), 길르앗, 에브라임, 베냐민, 유다 지파(유다와 베냐민 지파는 나중에 남북으로 이스라엘이 갈라질 때 남 유다에 속했음).

블레셋지역은 오늘의 가자지구를 포함해서 아스글론, 아스돗 지역이다. 이스라엘 백성이 가나안 땅에 들어가서 사사시대나 통일왕국 시대에 항상 블레셋과 전쟁이 많았다.

에돔 족속은 에서의 자손들인데 사해바다 남쪽 지역에 살고 있었고, 모압과 암몬 지역이 지금의 요르단 지역인데, 제일 먼저 땅을 차지했던 르우벤 지파가 모압과 암몬 사이에 땅을 차지하고 있었다. 그리고 암몬 북쪽으로 얍복 강이 흐르고 있는데, 야곱이 밧단 아람으로 가고 올때 이 얍복 강을 건넜다. 길르앗 지역은 야곱이 외삼촌 집에서 도망쳐 나올 때에 외삼촌이 길르앗까지 따라와서 두 사람 사이에 하나님께서 다투지 못하도록 판결하신 것을 창세기를 통해 알 수 있다.

하나님이 가나안의 일곱 족속을 잔인하게 좇아내신 이유

하나님이 가나안 땅의 일곱 족속을 잔인하게 좇아내신 이유는, 하나님이 이스라엘 백성들에게 가나안 땅을 주시기 위함도 있었지만, 더 큰 이유는 그들이 섬기는 신들의 유혹을 받지 않게 하기 위해서였다. 그들을 좇아내지 않으면 그들의 풍습, 그들이 섬기는 신들에 이스라엘 백성들이 유혹을 받아 우상 숭배에 빠져서 멸망할까봐 하나님이 그들을 좇아내라고 하셨다. 사실 이스라엘 백성들이 남북이 갈라진 뒤에 북쪽도 망하고 남쪽도 망하게 되는데 망하게 되는 이유가 가나안 족속들이 섬겼던 우상 숭배에 빠졌기 때문이다. 그들을 완전히 좇아내지 못하여 그들의 풍습에 결국 이스라엘 백성들이 멸망하고 말았다.

예루살렘에 살던 여부스 사람들을 살펴볼 필요가 있는데, 이스라엘 백성들이 가나안 땅을 점령했지만 예루살렘은 점령하지 못하고 이방도시로 남아 있었다(삿 19:12). 유다 자손이나, 베냐민 자손이 예루살렘의 주민 여부스 족속을 좇아내지 못하였으므로 다윗 시대에 좇겨날 때까지 예루살렘에 거주했다(수 15:63, 삿 1:21).

여호수아는 가나안 땅을 정복하여 12지파에게 나누어 준 뒤에 이스라엘 백성들을 세겜에 불러 놓고 고별사를 한 후(수 24:15) 110세를 일기로 세상을 떠났다.

> 만일 여호와를 섬기는 것이 너희에게 좋지 않게 보이거든 너희 조상들이 강 저쪽에서 섬기던 신들이든지 또는 너희가 거주하는 땅에 있는 아모리 족속의 신들이든지 너희가 섬길 자를 오늘 택하라 오직 나와 내 집은 여호와를 섬기겠노라 하니(수 24:15)

여호수아는 자기 결심을 분명히 밝히고 많은 신들 가운데서 여호와를 선택할 것을 강요했다. 여호수아가 다짐한 이런 내용을 볼 때, 그 당시 이스라엘 백성들이 여호와 하나님만 섬긴 것이 아니고, 그 지역 주민들이 섬기는 신들 사이에서 신앙적으로 혼란과 갈등을 느꼈다는 것을 알 수 있다. 머뭇거리고 확실한 선택을 하지 못했던 이스

여호수아가 이스라엘 백성들과 언약을 맺었던 세겜

라엘 백성들의 상황을 짐작할 수 있다. 여호수아는 오직 나와 내 집은 여호와를 섬기고 다른 신들은 다 버리겠노라는 결단을 보여주었다.

여호수아는 역사적인 신앙을 가지고 있었다(수 24장). 여호수아는 메소포타미아에 살았던 아브라함이 가나안 땅으로 오게 된 경위에서부터 시작하여 이삭과 야곱, 야곱 시대에 이스라엘 사람들이 이집트로 내려갔던 이야기, 애굽 땅을 탈출해서 가나안 땅을 정복하기까지 하나님이 함께 하신 모든 역사적 과정을 이해하고 있었다.

2. 사사기

사사시대(BC 1375–1050년)는 가나안 땅에 정착한 이스라엘 사람들을 사사들이 통치하던 시대를 말한다. 여호수아가 죽고 왕들이 통치하기 전의 시대를 사사시대라고 한다. 사사시대는 하나님을 왕으로 모시고 사사들(Judges)이 하나님의 율법으로 재판하고 다스리던 시대이다. 13명의 사사들의 임무는 이방인들의 압제에서 이스라엘 사람들을 구출하는 것과 문제가 발생할 때 재판하는 것이다.

옷니엘은 이스라엘 백성들을 메소포타미아 구산–리사다임 왕의 손에서 구원했다. 에훗은 이스라엘 백성들을 모압 왕 에글론으로부터 구원했으며 삼갈은 블레셋 사람 600명을 죽이고 이스라엘을 구원했다. 드보라는 가나안 왕 야빈의 총사령관 시스라를 죽이고 이스라엘을 구원했다. 기드온은 300명의 용사로 미디안 사람들을 무찌르고 이스라엘을 구원했으며, 돌라는 기드온 이후 이스라엘을 구원한 사사이다(삿 10:1–2). 야일은 돌라 이후 이스라엘 사사가 되었으며(삿 10:3), 입다는 암몬 사람을 무찌르고 이스라엘을 구원했다(삿 11:11). 입산은 베들레헴 사람으로 사사가 되었으며(삿 12:8), 엘론은 스불론 사람으로 사사가 되었다(삿 12:11). 압돈도 사사가 되었다(삿 12:13). 삼손은 블레셋사람들로부터 이스라엘을 구원하였으며(삿 15:20), 사무엘은 마지막 사사로서 블레셋사람들을 무찌르고 이스라엘을 구원했다(삼상 7:13).

이스라엘 사람들은 왜 바알(Baal) 종교에 쉽게 빠졌는가?

여기서 우리가 마음속으로 의아하게 질문하는 것이 있다. 그것은 이스라엘 사람들이 '왜 그렇게 바알(Baal) 종교에 쉽게 빠져 들었는가?'이다. 이스라엘 백성들은 여호와는 시내 산에서 나타난 산의 신이고 유목민의 신으로 생각했다. 반면 바알은 하늘의 신, 농사의 신으로 생각했다. 비와 천둥, 번개를 내리며 농사를 주관하는 신이 바알이라고 생각했다. 그래서 시내 산에서 자기들을 건져주고 가나안으로 인도해 주신 여호와도 섬기고, 농사의 풍년을 가져오고 잘 먹기 위해서는 바알도 섬겨야 된다는 종교적 혼합주의에 빠졌다. 바알의 아내 아스다롯(Astarte)은 메소포타미아에서는 이스타, 페니키아에서는 아스다롯, 그리스에서는 아프로디테, 로마에서는 비너스 신에 해당된다.

성경의 보급이 일반화되지 않았던 시대에 대중들이 체계적인 신관을 가진다는 것이 참으로 어려웠다. 하나님의 말씀이 파피루스나 양피지에 기록되던 시기에 책을 가진다는 것은 어려웠을 뿐만 아니라 엄청난 경비가 필요했다. 아람 사람들도 이스라엘의 신은 평지의 신이 아니라 산의 신이라고 생각했다(왕상 20:23).

사사기에서 반복되는 싸이클

사사기 전체를 보면 하나의 반복되는 싸이클이 있다. 이스라엘 백성들이 하나님을 떠나 우상을 섬기는 죄를 짓고 죄 때문에 하나님이 이스라엘 백성들을 심판하는데 이방 나라들이 와서 이스라엘 백성들을 노예로 삼고 억압한다. 그러면 이 고통 가운데 이스라엘 백성들이 하나님께 회개하면 하나님이 사사를 보내 고통에서 건져내셨다. 한 번만이 아니고 이 사이클이 계속 반복되어 이스라엘 백성들이 죄를 짓고, 노예가 되어, 하나님이 또 다시 구원해 주시는 일들이 400년 이상 반복되는 것을 볼 수 있다.

예배 장소 – 회막(성막)

성전이 지어지기 전에 사사시대의 예배 장소는 실로에 있던 회막이었다. 실로는 예루살렘에서 북쪽으로 32km 떨어진 곳으로 예루살렘 성전을 짓기 전까지 성막을 세워 언약궤를 둔 곳이다(삼상 4:4).

마지막 사사 사무엘은 실로에서 엘리제사장 밑에서 자랐고 이스라엘을 블레셋 사람들의 손에서 구원하는 일을 담당했다. 그리고 사무엘 시대에 백성들이 왕을 구해서

아스다롯과
바알의 모습

세웠는데 이때가 왕조시대의 시작이다. 사울, 다윗, 솔로몬 왕 때는 나라가 남북으로 갈라지지 않은 통일왕국시대였다.

성막의 역사를 보면, 처음 성막은 시내 산에서 세워졌으며(출 40:2), 모세가 하나님으로부터 식양을 받아 만들었다. 가나안땅에 들어와서는 여리고성을 점령하기 전에 길갈에 진을 칠 때 성막도 길갈에 있었다(수 5:10). 가나안 땅을 정복하고 땅 분배를 한 후에 사사시대에는 실로에 세워졌고(수 18:1), 그 뒤, 사울 왕 시대에 놉에 세워졌다(삼상 21:1, 6). 거기서 다윗이 진설병을 먹었다는 기록이 있다. 사울 왕을 피해 도망 다니다가 배가 고플 때에 제사장만 먹을 수 있는 성막에 진설했다가 물려낸 빵을 먹었다. 그리고 성막은 마지막에 솔로몬이 성전을 지어서 예루살렘 성전이 있기 직전에는 기브온에 세워졌으며(대상 21:29), 솔로몬은 기브온에 가서 일천번제를 드렸다. 솔로몬 성전 이후에 성막은 필요성이 없어졌으며 하나님의 언약궤는 성전 안에 모셔졌다.

3. 룻기

룻이라는 여인에 대한 기록이 룻기인데 모압 여자 룻은 남편이 죽은 뒤 모압 땅에서 시어머니를 따라 베들레헴으로 갔다. 베들레헴에서 나오미의 친척 보아스를 만나 재혼하고 '오벳'이라는 아들을 낳게 된다. 이 오벳이 다윗 왕의 아버지 '이새'를 낳고 다윗의 자손으로 예수가 탄생한다. 이방 여인이 그리스도의 족보에 포함된 것이다.

룻의 신앙을 살펴보면서 유대인이 이방여인과의 혼인을 금지시킨 것은 인종차별 정신에서 나온 것이 아니고, 이방 신들을 섬기는 유혹에 빠지지 않게 하기 위해서였다(신 7:3-4)는 것을 알 수 있다. 이방여인들이 솔로몬 왕의 마음을 돌려 그들의 신들을 따르게 하였다(왕상 11:4). 아합 왕도 이세벨이 바알을 섬기게 만들었고(왕상 16:31), 이세벨은 시돈 왕의 공주인데 바알 신 섬기는 나라에서 와서 아합 왕으로 하여금 바알 신을 섬기도록 유혹을 했다. 그러나 이방 여인 룻의 경

베들레헴 들판 – 룻기의 배경이 되었던 베들레헴 들판으로 나무가 많이 우거진 곳이 솔로몬의 연못이 있었던 곳이다.

우는 다르다. 자기 나라(모압)의 신들을 버리고 시어머니 나오미의 하나님을 자기 하나님으로 섬기겠다고 맹세하고 시어머니를 따라 나섰기 때문이다(룻 1:16).

룻기 시대에는 가난한 자가 토지를 팔거나 무를 때는 가까운 친족의 순서대로 무를 수 있는 '기업 무를 자'의 자격을 부여했다(룻 4:3-6, 레 25:24-28). 후손 없이 죽은 자를 위해 가까운 친척 순위로 그의 아내를 취해 후사를 이어 주는 것을 미덕으로 생각했다(룻 4:12, 창 38:8-10, 마 22:24). 룻과 보아스의 미덕은 룻은 젊은 남자를 따라가지 아니하고(룻 3:10) 보아스를 통해 남편의 가문을 이어 주려고 시어머니의 지시를 따라 보아스에게로 갔으며, 보아스는 친족 아비멜렉의 가문을 이어 주려고 룻을 아내로 삼아 오벳을 낳아 나오미의 품에 안겨 주었다(룻 4:10-17).

유다의 장자 엘의 며느리 다말도 남편의 후사와 기업을 이어주기 위해 시아버지와 관계를 가져 베레스를 낳았다(창 38:6-29). 다말은 성적 쾌락을 위해 관계를 가진 것이 아니고 남편의 후사를 이어주기 위한 것이었기 때문에 이를 미덕으로 생각한 것이다. 우리의 윤리 기준과 그 당시 유대인들의 윤리 기준이 다르다는 것을 알 수 있다.

룻은 모압 여자로서 이방 여인이었지만, 시어머니를 따라 베들레헴으로 가서 시어머니가 믿는 하나님을 끝까지 믿고 의지했다, 결국 룻은 보아스를 남편으로 맞이하여 다윗의 할아버지 오벳을 낳아 메시아의 족보에 이름을 올렸다.

유다는 다말에게서 베레스와 세라를 낳고 ...살몬은 라합에게서 보아스를 낳고 ... 보아스는 룻에게서 오벳을 낳고 오벳은 이새를 낳고 이새는 다윗 왕을 낳으니라(마 1:3-6) ....야곱은 마리아의 남편 요셉을 낳았으니 마리아에게서 그리스도라 칭하는 예수가 나시니라(마 1:16)

남존여비 사상과 이방인 배척 사상이 강했던 이스라엘 사회에서 이방 여인이었던 룻은 믿음으로 가장 영광스러운 그리스도의 족보에 참여할 수 있었다.

6

통일왕국 시대 이야기

1. 사울 왕 이야기
2. 다윗 왕 이야기
3. 솔로몬 왕 이야기

이스라엘에 처음으로 왕조시대가 열렸다. 마지막 사사 사무엘 이후에 통일왕국시대(BC 1050 - BC 930년)는 각기 40년씩 통치한 사울 왕, 다윗 왕, 솔로몬 왕 시대였다.

이스라엘의 초대 왕인 사울 왕(삼상 10장 - 31, 대상 10장)은 사무엘의 권고를 듣지 않고 하나님 앞에 악을 행하여 끝내는 불순종하다가 하나님의 버림을 받았다. 다윗 왕은(삼하 전체 , 대상 11장-28장, 시편) 7년 반 동안은 헤브론에서 유다를 다스리고, 그 후 33년 동안 예루살렘에서 이스라엘 전국을 다스리게 되었다. 한때 우리야의 아내 밧세바를 간음하여 범죄하였으나 회개하는 모습을 보여 주었다. 솔로몬 왕 (왕상 1-11장, 대상 29장, 대하 1-9장, 잠언, 전도서, 아가서)의 업적은 성전건축과 국제무역으로 부를 축적하였으며 잠언서, 전도서, 아가서를 기록하였다.

1. 사울 왕 이야기

하나님은 이스라엘 백성들의 요청으로 사울을 왕(BC 1050-1010년)으로 세우셨으나, 사울은 사무엘의 권고도 듣지 아니하고 하나님 앞에 악을 행했다. 겸손했을 때 하나님이 그를 왕으로 세우셨고, 교만했을 때 하나님이 그를 버리셨다. 하나님의 말씀에 순종하지 않았던 사울은 결국 왕위를 잃게 되고, 하나님은 유다 지파 가운데 베들레헴에 살고 있던 이새의 아들 다윗을 세워 왕이 되게 하셨다(삼상16장). 사울은 나중에 악령에 사로 잡혀 다윗을 시기하여 죽이려고 쫓아다녔지만 실패하고, 결국 길보아 산에서 블레셋과의 전투에서 전사했다. 블레셋 사람들은 사울의 시체를 벧산(Beit She'an) 성벽에 달아 두었으며, 야베스 길르앗 사람들이 사울의 시체를 가져다가 자신들의 땅에 장사지내 주었다.

이 당시 전쟁 문화는 승자가 패자의 소유물을 약탈하고 군인마다 한두 처녀씩 차지하여 여자들을 강간(삿 5:30)하는 것이 상례였다. 사울 왕 초기에 이스라엘 땅에는 철공이 하나도 없었고, 블레셋 사람들이 철기 문화를 먼저 받아들였기 때문에, 이스라엘 사람들은 보습이나 삽을 벼릴 때마다 블레셋 대장장이에게로 갔다(삼상 14:22). 전쟁 때는 대세를 보아서 적군에 가담한 아군들도 있었다(삼상14:21). 다윗과 골리앗의 대결처럼 전투를 할 때에 대표 장수 한 사람씩을 보내서 서로 겨루어 지는 편이 이기는 편의 종이 되기도 하여(삼상 17:8-9), 많은 사람이 희생을 당하기보다는 대표를 세워서 전쟁을 하기도 했다. 출정한 군인에게

사울왕의 시체를 걸어 두었던 벧산

집에서 사식을 만들어 보내기도 하고(삼상 17:17-19), 용병제도를 도입하여 암몬 사람들은 20,000명의 시리아군을 고용하여 다윗과 대결하기도 했다. 외국 사람을 용병으로 삼아 전쟁했던 일이 흔하게 있었던 것을 알 수 있다(삼하 10:6). 양쪽 진영의 대결을 각자 그들이 섬기는 신들의 대리전으로 생각했다.

2. 다윗 왕 이야기

여호수아 때부터 가나안 정복을 시작했지만 예루살렘은 여부스 사람들이 차지하고 있었다. 다윗(BC 1010-970년)은 헤브론에서 왕이 된지 7년 뒤에 예루살렘, 곧 여부스로 갔다. 그곳에 살고 있던 원주민들인 여부스 사람들은 그들의 요새를 굳게 지켰다. 예루살렘은 기드론 계곡, 힌놈의 계곡 등으로 둘러싸인 천연적인 요새로서 정복하기가 쉽지 않았다. 다윗은 여부스 성의 수로를 통해 군사를 잠입시켜 성을 빼앗아 다윗 성으로 만들고, 거기에 거주했으며 하나님의 성막을 세우고 법궤를 모셨다.

다윗은 전쟁가, 정치가, 시인, 음악가, 선지자, 낭만적인 영웅이었으며 시편의 거의 절반은 그의 시로 남아 있다. 친구들에게 뿐만 아니라 적에게도 신의를 지키고 특히, 하나님에 대한 신앙이

다윗 왕(BC 1010-970년)

오늘의 예루살렘과 황금 사원

깊었으며 자신의 잘못에 대한 선지자들의 책망을 겸손하게 받아들였다. 하나님의 성전건축을 위해 설계도를 솔로몬에게 주고(대상 28:11-19) 대부분 건축자재들을 준비했다(대상 29장). 다윗은 예루살렘을 탈환했을 뿐만 아니라, 여러 나라를 정복하여 영토를 많이 넓히고 정복한 나라들로부터 조공을 받았기 때문에, 다윗 왕 시대에 이스라엘 백성들은 세금을 많이 내지 않았다는 얘기가 있다.

다윗이 물맷돌 다섯 개를 가지고 창과 칼로 맞서는 블레셋의 골리앗 장군을 이긴 것은 유명한 전쟁 스토리로 전해지고 있다. 다윗은 전쟁은 여호와께 속하였고, 여호와의 구원하심이 창과 칼에 있지 않음을 믿음으로 고백하면서 골리앗을 이겼다.

물맷돌(Sling) - 대영박물관

...전쟁은 여호와께 속한 것인즉
그가 너희를 우리 손에 넘기시리 (삼상 17:45-47)

당시 다윗이 골리앗을 물맷돌로 죽였는데(삼상 17:49), 물매는 당시 전쟁 무기의 일종으로 일반적으로 전시에는 물매

아둘람 굴 다윗이 사울 왕의 낯을 피해 도망 다닐 때, 블레셋 땅 가드의 아기스 왕에게 홀로 피신했다가 미친체하여 도망쳐 이스라엘 땅으로 넘어와서 아둘람 굴에 숨었다 - 이스라엘 아둘람 공원

부대가 화살부대 뒤에 위치했다. 다윗이 골리앗을 물리쳤던 물매(Sling)는 작은 가죽 조각 또는 천을 엮어 물맷돌의 중간 부분은 편평하고 약간 넓게 하여 그 곳에 돌을 넣어 멀리 날아가도록 만든 것을 말한다. 히브리인들 가운데는 직업적인 물매꾼들이 군인으로 활동했으며(왕하 3:25, 대하 26:14), 목동들도 물맷돌을 사용했다(삼상 17:40). 전문적인 물매꾼들은 정확하게 표적을 맞출 수 있는 실력을 갖추고 있었다.

아둘람 굴

다윗이 사울 왕의 낯을 피해 도망 다닐 때, 블레셋 땅 가드의 아기스 왕에게 홀로 피신했다가 미친체하여 도망쳐 이스라엘 땅으로 넘어와서 아둘람 굴에 숨었다. 그때 부모형제와 소외된 자들 400명이 찾아와 다윗과 연합했다(삼상 22:1-2). 용기를 얻은 다윗은 하나님께 기도하면서 어두운 굴속에서 새벽을 깨우겠다고 다짐했다(시 57:8).

다윗 성과 여부스 사람들 (Jebusites)

예루살렘의 옛 이름이 '여부스'(삿 19:10)이고 여부스 사람들은 예루살렘 주변과 예루살렘 성 안에서 살던 사람들이다. 전쟁 시 성이 포위되는 것에 대비해서, 기원전 18세기에서 15세기 사이에 가나안에 살던 사람들이 기혼 샘의 물을 성안으로 끌어들이기 위해 지하로 파 놓은 수로(Water Tunnel)가 있었다. 다윗은 이 수로를 통해 군대를 투입하여 요새를 점령했고 그 곳 이름을 '다윗 성'으로 불렀다(삼하 5:6-7). 이 다윗성은 예루살렘의 시온 문 앞에 있다.

다윗이 여부스 족속의 요새를 빼앗아 건설한 다윗성의 바로 위쪽이 모리아 산 정상이다. 모리아 산, 곧 성전 산 바로

밑의 지역이 여부스 사람들이 살던 성, 곧 다윗 성이다. 아브라함은 모리아 산꼭대기에서 자기의 독자 이삭을 하나님께 제물로 바쳤으며, 솔로몬은 하나님의 성전을 지었다.

다윗은 초기에는 아무런 잘못이 없었지만 하나님께서 그를 연단하셔서 진정한 왕의 그릇을 만들기 위해 시련을 주셨다. 그러나 다윗의 후기에는 밧세바의 일로 잘못을 저지른 뒤에 많은 시련을 당했다. 이렇게 볼 때 시련은 우리의 잘못 없이 연단으로 오는 경우도 있고, 우리가 잘못해서 닥칠 수도 있다는 것을 알 수 있다.

시편

시편은 하나님을 향한 감사, 찬양, 소원, 기도가 담긴 시들이다. 하나님이 행하신 크신 일들(창조, 선택, 출애굽, 가나안 정복 등)을 찬양한다. 대부분의 시편이 예루살렘에서 기록되었다. 제1권 (1-41편)은 대부분 다윗의 시이며 더러는 작자를 알 수 없다. 제2권 (42-72편)은 다윗, 아삽, 솔로몬, 고라 자손이 지었고, 제3권 (73-89편)은 다윗, 아삽, 고라 자손, 헤만, 에단이 지었다. 제4권(90- 106편)은 모세, 다윗, 작자 미상으로 되어 있으며 제5권(107-150편)은 다윗, 솔로몬, 어떤 것은 작자를 알 수 없다. 시편은 BC 1400년부터 BC 430년까지 점진적으로 기록되었고 많은 시편이 오늘처럼 예배환경에서 사용되었다.

시편에 나오는 '셀라'(Selah, 시 3, 4, 9, 20, 24)는 구약성경에 74번 나오고, 시편에 있는 시의 끝과 하박국 3장의 하박국의 기도에서도 세 번 나온다. 정확한 뜻에 대해서는 학자들 간에도 견해가 다르다. 어떤 사람은 '높이다'(to lift up)는 뜻을 가진 Salal에서 유래했다고 하며 다른 사람은 셀라(Selah)는 잠시 음악을 쉬는 동안 목소리를 높이거나 악기의 볼륨을 높이라는 지시라고도 하고, 음악에서는 중간에 '쉼표'(노래 부를 때 숨을 쉬어라 등)를 나타낸 것이라거나, 이미 앞에 한 말을 다시금 긍정하는 '아멘'(Amen)에 해당된다고 여러 가지로 해석하지만, 많은 견해에도 불구하고 아직까지 확실하게 결론되어진 것은 없다.

시편의 내용을 보면 메시아에 대한 예언이 참으로 많다.

메시아의 예언은 너는 내 아들이라(시 2:7), 그의 아들에게 입맞추라(시 2:12), 겉옷을 나누며 속옷을 제비 뽑았다(시 22:18), 떡을 나눠 먹던 자가 발꿈치를 들었다(시 41:9), 주를 위하여 도살할 양 같이 여김을 받았다(시 44:22), 내가 네 원수들로 네 발판이 되게 하기까지 너는 내 오른쪽에 앉아 있으라(시 110:1), 멜기세덱의 서열을 따라 영원한 제사장(시 110:4), 주의 오른 쪽에 계신 주(시 110:5), 건축자의 버린 돌이 집 모퉁이의 머릿돌(시 118:22), 여호와의 이름으로 오는 자가 복이 있다고 말한다(시 118:26) 등등이다.

특수한 상황에서의 시는 십 사람이 사울에게 다윗이 숨은 장소를 고발했을 때 지은 시(시 54편), 사울을 피해 굴에 있던 때에 다윗의 시(시 57편), 바빌론 강변에서의 시(시 137편) 등이다. 바빌론 포로에 관한 시편 137편은 이사야 40–55장과 함께 읽으면 도움이 된다. 남은 자 사상의 시는 회초리로 죄악을 벌하시나 인자함을 거두지 아니하시고(시 89:32–33), 경책하셨어도 죽음에는 넘기지 아니하신다(시 118:18)는 내용의 시 등이다.

3. 솔로몬 왕 이야기

솔로몬(BC 970–930년)의 가장 큰 업적은 예루살렘에 하나님의 성전을 건축하여 봉헌한 것이다. 왕위에 오른 솔로몬은 기브온 산당에서 희생 짐승을 태워 드리는 일천 번제를 드림으로 하나님을 향한 철저한 헌신과 복종을 다짐하였다. 솔로몬은 이 번제 후에 하나님으로부터 원하는 것을 구하라 했을 때에, 왕으로서 백성을 통치할 지혜를 구했으므로 구하지 않았던 세상의 부귀영화도 함께 받았다.

솔로몬은 다윗이 확장한 이스라엘의 힘을 최대한 사용했다. 솔로몬은 널리 무역을 확장하여 아프리카, 인도, 예멘(시바)에 이르기까지 국제적인 무역을 통하여 금, 보석, 향신료, 원숭이를 수입하였다. 솔로몬을 방문했던 스바 여왕의 나라 스바는 아라비아 반도의 남서쪽 오늘의 예멘(Yemen)에 위치해서 아프리카와 인도를 상대로 금, 보석, 몰약, 향유, 양념 등 해상무역을 했다. 욥기 1:15에 침략자로 묘사된 스바 사람들은 아브라함의 후처 그두라(창 25:1–3)의 자손으로 보인다. 어떻게 보면 스바 사람도 아브라함의 후손이라고 볼 수 있다. 스바 여왕이 솔로몬을 방문하고 그의 지혜에 감

기브온의 저수조

탄했다. 많은 학자들은 스바 여왕이 솔로몬을 방문한 또 하나의 이유로 솔로몬의 해상 무역이 스바가 독점했던 무역을 위협했기 때문에, 스바 여왕이 무역협상을 하기 위해 솔로몬을 방문한 것으로 해석하고 있다.

'기브온'은 예루살렘에서 서북쪽 6km 떨어진 곳에 있다. 고대 가나안의 도시이며 예루살렘 성전이 지어지기 전에 모세가 광야에서 지은 성막이 거기 있었다(대하 1:3). 일천 번제는 솔로몬이 놋 제단 위에서 드린 천 마리 희생 번제이다(대하 1:6). '기브온'은 여호수아 9:17에 그비라, 브에롯, 기럇 여아림과 함께 언급되어 있는데 그 백성들은 여호수아 9:7에서 히위 사람이라고 불렀다. 현재 그 자리에는 포도주 저장고와 저수조 시설(삼하 2:13)과 포도즙 틀, 공동묘지 등의 유적지가 남아 있다.

솔로몬이 성전을 건축한 곳

성전은 여호수아가 정복하지 못해서 12지파에게 분배하지 못했던 예루살렘에 건축했다. 예루살렘은 다윗이 여부스 사람들로부터 빼앗은 땅이며 이스라엘 어느 지파에도 속하지 않았던 중립지역이었다.

솔로몬이 예루살렘 모리아 산에 여호와의 전 건축하기를 시작하니 그 곳은 전에 여호와께서 그의 아버지 다윗에게 나타나신 곳이요 여부스 사람 오르난의 타작 마당에 다윗이 정한 곳이라(대하 3:1)

예루살렘 성전자리는 아브라함이 이삭을 바쳐 제단을 쌓던 모리아 산이다(창 22:2). 다윗이 여부스 사람 오르난의 타작마당을 사서 제사드린 곳이다(대상 21:18). 솔로몬은 이 자리에 성전을 지었다. 바빌론 포로에서 돌아온 스룹바벨은 이 자리에 성전을 재건했으며, 알렉산더 대왕 이후 실루키드 왕조의 안티오쿠스 에피파네스(Antiochus Epiphanes)는 이 성전에 제우스 제단을 만들고, 돼지를 잡아 제물로 바쳐 유대인들의 반감을 사서 마카비 반란을 유발했던 곳이다. 헤롯 대왕은 BC 19년 이곳에 다시 성전을 건축하고 광장을 두 배로 늘리고 광장 사면을 돌아가며 성벽을 쌓았다. AD 70년 유대인들의 반란을 진압하던 로마의 티투스 장군은 이 성전을 불태웠으며, AD 135년 로마황제 하드리아누스는 이곳에 주피터 신전을 지었다. AD 691년 오마르(Caliph Omar)가 모스크(the Dome of the Rock)를 지었고 1027년 지진피해를 입었으나 복구했다. 오늘날 황금돔 사원 중앙의 바위가 마호메트가 승천한 자리라고 이슬람교도들은 믿고 있다.

성전 건축과 솔로몬의 기도

솔로몬이 성전을 짓기 시작한 것은 왕이 된지 4년째 되던 BC 966년이요 출애굽한 지 480년이 되던 해이다. 따라서 출애굽 연도는 BC 1446년이 된다(왕상6:1). 성전은 화려하게 백향목으로 짓고 금, 은 그릇들을 갖추었으나 본당은 길이 27m(60Cubits), 넓이 9m(20Cubits), 높이 13.5m(30Cubits)에 불과한 작은 규모였다(왕상 6:2).

솔로몬 성전을 재구성한 모델

솔로몬은 성전 건축을 마치고 여호와의 제단 앞에서 하늘을 향해 손을 펴고 기도를 드렸다. 하나님의 은혜에 대한 감사와

제1성전 시대의 예루살렘 모델 – 이스라엘 바이블랜드 박물관

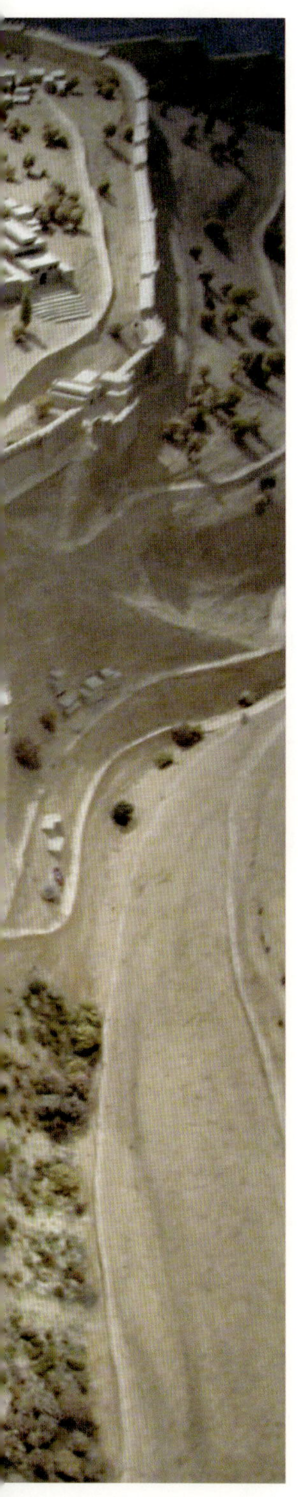

불확실한 미래의 범죄에 대한 용서를 구했으며(대하 6장), 이 성전에서 기도하는 외국인들에게도 응답해 달라는 폭 넓은 기도를 했다(대하 6:32-33). 성전 봉헌식에 솔로몬이 드린 제물은 소 22,000마리와 양 120,000마리이다(대하 7:4-5). 기브온의 일천번제와 비교가 안 되는 어마어마한 제물이었다.

산당 (바마, Bamah)

산당(왕상 22:43)은 이방 신을 섬기는 산당과 하나님을 섬기는 산당이 있었다. 이방 신을 섬기는 산당은 가나안 땅의 농사의 신 바알과 아스다롯 등을 섬기기 위해, 높은 곳이나 나무 밑에 산당들을 지었고, 산당에서 우상을 섬기고 종교적 음행이 이루어졌다. 사사들과 예언자들은 이와 같은 우상숭배를 강하게 질책했다. 따라서 산당을 뜻하는 바마(Bamah)는 질책과 멸시를 의미하는 말이 되었다. 반면에 하나님을 섬기기 위해서 지

아랏에 있는 고대 이스라엘 산당의 모습

다윗 성 맞은 편의 멸망 산 (솔로몬의 후궁들이 이방 신들을 섬기던 곳)

은 산당들도 있었다. 레위인들이 제사장의 직무를 행하고 사무엘도 산당으로 올라가서 하나님을 섬겼다(삼상 9:14). 그래서 예루살렘 성전이 지어지기 전까지 이스라엘 사람들은 산당에서 제사를 드렸으며 솔로몬은 기브온 산당에서 일천 번제를 드렸다(왕상 3:2–4).

이스라엘 사람들은 여호와 하나님을 섬기는 산당과 이교의 산당을 구별하지 못하고 신앙의 순수성을 훼손했다. 순수한 신앙을 외치던 예언자들은 산당을 원칙적으로 배척했다(렘 3장, 겔 20:27–32). 요시야 왕은 여로보암이 벧엘에 세운 제단과 산당을 헐고 또 그 산당을 불사르고 빻아서 가루를 만들며 또 아세라 목상을 불살랐다(왕하 23:15). 그러나 여호와 하나님을 섬기는 산당도 있어 과감히 없애지를 못했다(왕상 15:14, 22:43).

솔로몬의 잘못

솔로몬은 치세기간 동안 백성들에게 너무 무거운 짐을 지웠다. 성전을 위해 7년, 왕궁을 위해 14년, 그 외에도 솔로몬은 므깃도, 게셀, 하솔 등의 도시를 건설하면서 백성들에게 많은 짐을 지웠다. 다드몰은 솔로몬이 사막에 건설했던 도시(대하 8:4)로 지금 시리아의 팔미라이다. 하맛은 솔로몬이 국고성을 건축했던 도시(대하 8:4)로 지금의 시리아에 속해 있으며 거기에 있는 오론테스 강은 안디옥으로 연결된다 .

또한 솔로몬은 700명의 아내와 300명의 첩 등 많은 외국여자들을 거느렸으며, 그들은 시집올 때 자기들의 우상들을 가져왔으며, 솔로몬도 그들의 우상에 빠짐으로(왕상 11:2) 그의 말년을 비참하게 만들었다. 다윗 성 맞은편에 있는 멸망 산은 솔로몬의 후궁들이 이방신들을 섬기던 곳이다.

7

분열 왕국 시대 이야기

1. 북쪽 이스라엘과 앗시리아 포로
2. 남쪽 유다와 바빌론 포로
3. 분열 왕국 관련 성경

120년 동안 지속되었던 통일왕국(BC 1050-930년)은 그 이후에 북이스라엘과 남 유다로 분단이 된다(BC 930). 북쪽 이스라엘 12지파 가운데서 이스라엘은 10지파로 왕국을 이루고, 남쪽은 유다와 베냐민 두 지파가 왕국을 이룬다. 북쪽 이스라엘은 여로보암, 오므리, 아합 왕을 거치면서 19왕이 다스렸으나 한 왕도 하나님 앞에 선한 왕이 없었다. 남쪽 유다는 르호보암, 아하스, 므낫세, 시드기야 왕을 거치면서 범죄하였으나 요아스나 히스기야 왕처럼 하나님을 의지했던 왕들도 있었다. 북쪽 이스라엘은 208년간 존속하다가 앗시리아의 포로(BC 722)가 되고, 남쪽 유다는 344년간 존속하다가 바빌론의 포로(BC 586)로 가면서 나라가 망하게 된다. 관련 성경은 열왕기 상 · 하, 역대하 10-36장이다.

1. 북쪽 이스라엘과 앗시리아 포로

이스라엘과 유다왕국

솔로몬 때까지는 통일왕국이었으나 아들 르호보암 때 와서 남쪽 유다와 북쪽 이스라엘로 갈라졌다. 분열왕국은 남쪽 유다는 르호보암이 유다와 베냐민 2지파를 다스렸다. 북쪽 이스라엘은 여로보암이 르우벤, 잇사갈, 시므온, 스불론, 갓, 아셀, 단, 에브라임, 므낫세, 납달리 10지파를 다스렸다.

솔로몬의 아들 르호보암(BC 930–913)은 왕이 된 뒤 북쪽 이스라엘의 세겜을 방문한다. 세겜 사람들은 과도한 노동을 줄여줄 것을 요구했으나 르호보암이 거절하여 북쪽 이스라엘 사람들은 반란을 일으킨다. 여로보암(BC 930–910)은 솔로몬 치하에서 이집트로 도망쳤다가 세겜으로 돌아가서, 여호와의 선지자

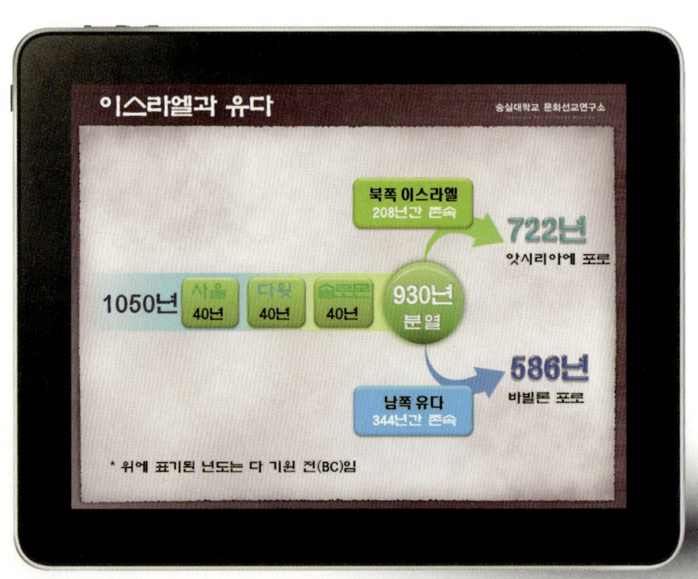

아히야의 도움으로 북쪽 이스라엘의 왕이 되었다.

세겜은 의미가 있는 곳이다. 아브라함이 가나안 땅에 들어왔을 때 세겜에 장막을 쳤고, 야곱이 밧단아람에서 돌아온 후에 세겜에서 장막을 치고 우물을 팠다. 예수님과 대화를 나누던 수가 성의 여인은 우리 조상 야곱이 준 우물이 여기에 있다고 했다. 이스라엘 백성들은 출애굽 때 애굽에서 요셉의 유골을 가져와서 세겜에 묻었다. 여호수아는 세겜에서 이스라엘 백성들과 언약을 세웠다. 통일 왕국이 분단될 때도 세겜에서 이스라엘 백성들이 르호보암을 배반하고 갈라졌다. 세겜은 역사적 의미가 담긴 곳이다.

북쪽 이스라엘 왕들

북쪽 이스라엘(BC 930–722)은 여로보암에서 19대 호세아 왕까지 이어졌다(왕상 12:22장, 왕하 1:17). 남쪽 유다는 왕위가 아버지에서 아들로 이어지면서 다윗의 혈통을 유지해 갔고, 북쪽 이스라엘은 왕위쟁탈을 위해 서로 죽이는 가운데 혼란을 거듭한다.

금송아지 우상에게 소를 희생제물로 바쳤다.

여로보암

북쪽 이스라엘의 첫 왕인 여로보암(BC 930–910)은 왕이 된 뒤에 그의 정치적, 종교적 독립을 보여주기 위해, 금송아지 두 마리를 만들어 벧엘과 단에 신전을 지었다. 이

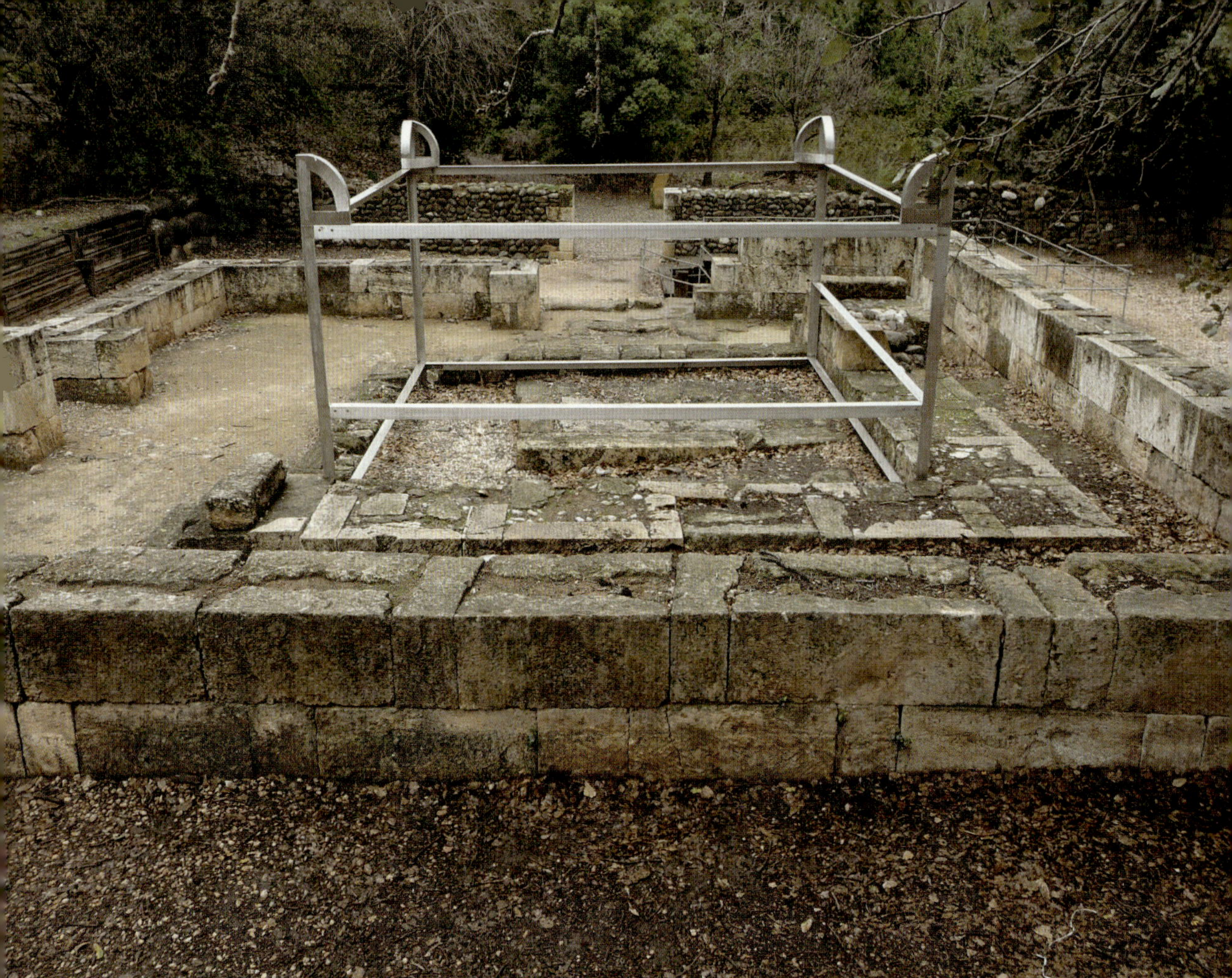

여로보암 왕이 단에 만든 금송아지 제단 터

것이 여로보암의 결정적인 실수이다. 북쪽 이스라엘 사람들이 남쪽 예루살렘 성전에 올라가서 예배를 드리면 민심이 남쪽 르호보암에게로 옮겨갈 것을 우려해서 금송아지를 만들어 우상을 섬기게 하였다. 여로보암의 집안은 이 죄 때문에 완전히 망하게 되었다.

여로보암이 우상을 만들고, 산당을 지어 레위인들이 아닌 사람들을 제사장으로 세웠기 때문에 오히려 하나님을 진심으로 찾고자 하는 사람들과 레위인들이 예루살렘으로 모여 들었으며, 이것이 북쪽 이스라엘의 국력쇠퇴를 가져오고 남쪽 유다의 국력 신장에 도움을 주었다.

여로보암이 여러 산당과 숫염소 우상과 자기가 만든 송아지 우상을 위하여 친히 제사장들을 세움이라 이스라엘 모든 지파 중에 마음을 굳게 하여 이스라엘의 하나님 여호와를 찾는 자들이 레위 사람들을 따라 예루살렘에 이르러 그들의 조상들의 하나님 여호와께 제사하고자 한지라

그러므로 삼 년 동안 유다 나라를 도와 솔로몬의 아들 르호보암을 강성하게 하였으니…(대하 11:15-17)

오므리와 아합

북쪽 이스라엘의 유명한 왕이 오므리와 아합이다. 오므리는 아합의 아버지이다. 오므리(BC 885-874년)는 모압을 정복하고 두로 왕 엣바알과 동맹을 맺고 그의 아들 아합과 두로의 공주 이세벨과 혼인시켰다. 이스라엘의 수도를 디르사에서 사마리아로 옮기는 일도 했다. 아합 (BC 874-853년)은 이세벨을 위해 바알 신당을 짓고 바알 선지자들을 위해 국고에서 필요한 것을 지출했다.

이스라엘 사람들은 왜 바알(Baal) 종교에 쉽게 빠졌는가? 여호와는 유목민의 신, 산의 신(왕상 20:23)이라고 생각했고 바알은 농사의 신, 하늘의 신이라고 생각했다. 여호와도 섬기고, 바알도 섬기는 종교적 혼합주의에 빠진 이스라엘 사람들에게 올바른 신관을 가르쳐 주어야 했다. 성경의 보급이 일반화되지 않았던 시대에 대중들이 체계적인 신관을 가진다는 것이 어려웠다. 유다 왕 아사시대에 선지자 아사랴는 이스라엘에는 참 신이 없고, 가르치는 제사장도 없고 율법도 없은 지가 오래되었다고 했다(대하 15:3). 유다 왕 아사의 아들 여호사밧 왕은 백성의 지도자들이 율법책을 가지고 유다 성읍들을 다니며 백성들을 가르치게 했다(대하 17:9).

엘리야(BC 875)가 갈멜 산에서 기도해서, 하늘에서 3년 동안 비가 오지 않았던 이스라엘 땅에 기도하여 비를 내리게 했다. 비를 내리고 풍년을 주는 농사의 신도 바알이 아니라 여호와 하나님이신 것을 이스라엘 백성에게 나타내기 위함이었다. 그러나 비를 내리게 한 엘리야였지만, 바알 선지자 450명을 죽인 것 때문에 왕후 이세벨이 자신의 목숨을 찾는 줄을 알고, 이세벨을 피해 북쪽 갈멜 산에서 남쪽 시내 산으로 도망을

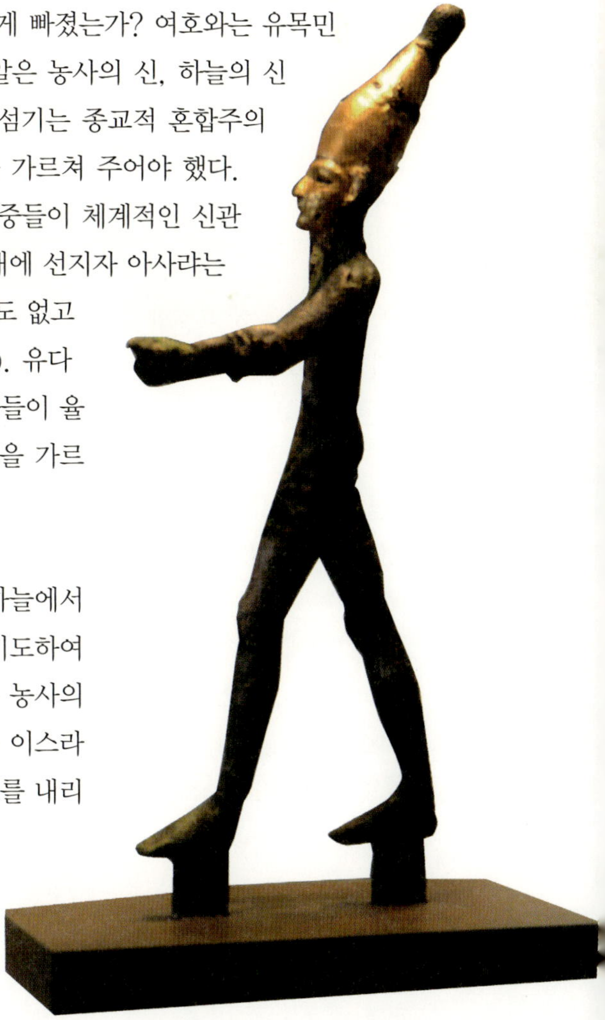

바알신상

로뎀나무 – 햇살이 강하게 내려 쬐는 브엘세바 광야에서 엘리야는 이런 나무의 그늘이라도 의지할 수밖에 없었다.

쳤다. 도망치던 중 브엘세바에서 하루 종일 혼자 광야로 들어가 뜨거운 사막의 햇살을 피해 로뎀 나무 아래서 죽기를 간구했다. 햇살이 강하게 내려 쬐는 브엘세바 광야에서 작은 로뎀 나무의 그늘이라도 의지할 수밖에 없었다. 그때 하나님께서 천사를 보내 구운 빵 하나와 물 한 병을 주어 먹게 하시고 힘을 북돋아 주셨다. 엘리야는 힘을 얻고 일어나 40일 동안 밤낮 걸어 하나님의 산인 시내 산에 도착했다. 엘리야는 그곳에서 하나님의 새로운 사명을 받고 다시 이스라엘로 돌아갔다(왕상 19장).

모압 왕 메사는 아합 왕이 죽었다는 말을 듣고 지금까지 바치던 조공을 중단했다. 메사가 어떻게 이스라엘의 조공을 중단하고 이스라엘을 배반했는가를 적은 '모압 왕 메사의 석비(The Mesha Stone)' 14–18 줄에는 자기의 업적을 다음과 같이 적었다.

그모스 신의 명령으로 메사가 밤에 전쟁에 나가서 정오까지 싸워 느보 산 지방을 이스라엘 왕으로부터 빼앗았으며 남녀와 외국인을 합쳐서 7,000명을 살해하고 하나님의 전의 기명을 가져가서 그모스(Chemosh) 신당에 두었다.

모압 왕 메사는 새끼 양 10만 마리와 숫양 10만 마리의 털을 조공으로 이스라엘 왕에게 바쳤으나 아합 왕(BC 874-853)이 죽은 뒤에 이스라엘을 배반했다(왕하 3:4-5). 이스라엘 왕 여호람(BC 852-841)은 유다 왕 여호사밧(BC 873-848)과 에돔 왕의 연합군을 조직해 모압을 치러 갔다(왕하 3:9). 그때 모압 왕 메사는 맏아들을 성벽 위에서 불로 태워 모압 신에게 제사를 드렸다(왕하 3:6-27). 당시 사람들은 전쟁을 신들의 대리전으로 생각했기 때문에 이스라엘과 모압의 전쟁은 이스라엘 사람들이 섬기는 신 여호와와 모압 사람들이 섬기는 신 그모스의 전쟁으로 생각했다.

가나안의 여러 신들 중에서 그모스(Chemosh)는 모압의 국가 신으로 전쟁의 신이다. 솔로몬 왕이 이 신을 위해 예루살렘 다윗 성 앞의 멸망 산 우편에 산당을 지었으나(왕상11:7-8) 요시야 왕이 폐지했다(왕하 23:13). 엘(El)은 가나안 최고의 신이며 엘의 아내는 아세라(Asherah)이다. 바알(Baal)은 엘의 아들 중 하나로 풍요와 다산의 신으로 알려졌으며 레바논, 가나안 땅에 널리 퍼졌다. 바알의 아내는 아스다롯(Ashtaroth)인데 이스라엘 사람들 가운데는 이 여신을 하늘 왕후로 섬기기도 했다(렘7:16-20). 바알과 아스다롯의 종교 의식에는 음행이 이루어졌다. 밀곰은 암몬의 국가 신(왕상 11:5)이며 몰록으로도 불린다(행7:43). 주로 어린아이를 제물로 사용하여 불 가운데로 지나게 했으며 곡물과 농사의 신이다.

아합 왕은 하나님이 멸하기로 작정한 아람 왕 벤하닷을 살려 주었기 때문에 후일 화를 불러왔다. 아합의 아들 여호람(요람) 때 벤하닷이 이스라엘에 쳐들어 와 사마리아 성을 에워쌌을 때, 성내에 굶주림이 극에 달해서 여인들이 자기 아들을 삶아 먹는 일까지 벌어졌다(왕하 6:24-29). 예후는 바알을 숭배한 아합의 집을 심판하여 아합의 아들로 이스라엘 왕이었던 요람을 화살

The Mesha Stone

모압 왕 메사의 석비
– 루브르 박물관

사마리아 성문어귀

로 쏘아 죽이고(왕하 9:24), 이세벨을 죽이고(왕하 9:33), 아합의 아들 70명을 죽여서(왕하 10:7), 바알을 섬기는 모든 자들을 죽였다(왕하 10:25).

북쪽 이스라엘과 앗시리아 포로

북쪽 이스라엘의 왕 예후(841-814 BC)는 앗시리아에 멸망하지 않기 위해 앗시리아 왕 살만에셀 3세를 극진히 섬겼다. 호세아(BC 732-722)는 이집트와 손잡고 앗시리아에 항거하다가 앗시리아에 멸망하고 말았다. 살만에셀 5세(앗시리아 왕)는 사마리아를 3년 동안 포위한 뒤에 멸망시킴으로(BC 722), 이스라엘 10지파가 역사에서 사라졌다.

고대 근동지방의 전쟁에서 포로추방과 대량학살을 보면, 정복자는 신전과 도시를 파괴하고 왕궁과 관청의 기물을 약탈하여 전쟁포로를 잡아갔다. 정복지에서 반란이 일어나면 더 많은 포로들을 잡아감으로 남은 사람들이 반란을 일으키지 못하게 했으며, 앗수르의 부조들 가운데는 벌거벗은 채 결박되어 잡혀가는 포로들의 모습이 새겨져 있다

사르곤 2세(Sargon II)는 살만에셀 5세의 아우로 이스라엘이 멸망하던 해에 왕이 된다(BC 721년). 이스라엘 사람들을 하볼강, 메데로 추방(왕하 17:6)하고 이스라엘 사람들이 떠난 자리에 전쟁군인들과 바빌론과 시리아 등 북동쪽 사람들을 이주시켰다. 이 때

성경에 나오는 이방 신들

신	국가	신의 내용	성경
바알 (Baal)	가나안	농사의 신	왕상 16:31, 18:18-46
아스다롯 (Astarte)	가나안	시돈 여신	삿 2:13, 10:6, 삼상 12:10, 왕상 11:5
그모스 (Chemosh)	모압	국가 전쟁의 신	민 21:29, 삿 11:24, 왕상 11:7, 33, 렘 48:7
몰렉 (Molech, 밀곰)	암몬	국가의 신	습 1:5, 렘 49:1, 왕상 11:7, 33
다곤 (Dagon=fish)	블레셋	곡물과 농사의 신	삿 16:23, 삼상 5:2-7
하늘 여신 (Queen of Heaven)	가나안	다산의 신	렘 7:18, 44:17-25
마르둑 (Marduk)	바빌론	풍요와 폭풍의 신	렘 50:2
벨 (Bel)	바빌론	마르둑의 다른 이름	사 46:1, 렘 51:44
느보 (Nebo, Nabu)	바빌론	마르둑의 아들(지혜와 학문의 신)	사 46:1
담무스 (Tammuz)	메소포타미아	늦여름 수확의 신	겔 8:14

예후 - 앗시리아 왕(살만에셀 3세)에게 엎드려 조공을 바침 - 대영박물관

이주해 온 사람들이 사마리아인들의 조상이 되었기 때문에 이주민들은 각기 자기들의 신상을 만들어 섬기고(왕하 17:29) 사마리아에 남아 있던 이스라엘인들과 혼혈이 되었다. 이것이 유다 인들이 사마리아 인들을 이방인들로 취급했던 이유이다.

BC 930년 이스라엘이 남북왕조로 갈라진 뒤 북쪽은 208년 동안 존속했고, 19왕이 다스렸으나 한 왕도 하나님 앞에 선한 왕이 없었다. 성경이 말하는 북이스라엘의 멸망의 원인은 결국 우상 숭배 때문에 북 이스라엘이 멸망했다는 것을 보여주고 있다.

이 일은 이스라엘 자손이 자기를 애굽 땅에서 인도하여 내사 애굽의 왕 바로의 손에서 벗어나게 하신 그 하나님 여호와께 죄를 범하고 또 다른 신들을 경외하며 여호와께서 이스라엘 자손 앞에서 쫓아내신 이방 사람의 규례와 이스라엘 여러 왕의 세운 율례를 행하였음이라(왕하 17:7-8).

2. 남쪽 유다와 바빌론 포로

남쪽 유다 왕들

분열왕국 중 남쪽 유다 왕들(BC 930–BC 586)의 이야기는 르호보암에서 20대 시드기야 왕까지이다. 분열왕국(남북) 이야기는 열왕기상 12–22장과 열왕기하 1–17장에 기록되어 있다. 남쪽 유다 왕국 이야기는 열왕기하 18장–25장과 역대하 10–36장에 기록되어 있다.

르호보암

이스라엘의 분열은 르호보암에게서 시작되었는데 그는 지혜 없는 처신을 했다(왕상 12장). 가장 지혜로웠던 솔로몬 왕의 아들이 가장 지혜 없는 처신을 했다는 것은 아이러니가 아닐 수 없다. 이스라엘 왕 베가(BC 737–732)와 시리아 왕 르신이 앗시리아에 대항하기 위해서 유다 왕 아하스를 끌어드리려 하였으나, 아하스가 이를 거부하자 베가와 르신이 아하스부터 처치하려고 예루살렘을 포위했다. 이때 유다 왕 아하스(BC 736–716)는 앗시리아 왕에게 성전에 있는 금과 은을 선물로 주고 도움을 요청했다. 아하스는 앗시리아 왕 디글랏 빌레셀의 도움으로 이스라엘과 시리아의 위협에서 벗어났으나, 앗시리아 군대를 끌어들임으로 정치적, 종교적 독립성을 상실하고 앗시리아의 신들을 경배하게 되었다.

앗시리아 왕 디글랏 빌레셀(불, BC 745–727)은 바빌론과 주변 국가들을 정복하여 조공을 받을 뿐만 아니라, 유다 왕 아하스의 요청으로 유다를 도우러 와서 시리아의 수도 다메섹을 점령하여 르신을 죽이고, 시리아 사람과 이스라엘 사람을 포로(BC 732)로 잡아갔다(왕하 16:7–9).

열왕기하 16:10–11을 보면 아하스 왕은 외세의 도움을 요청한 이후에는 외세의 영향 아래 신앙적인 노예가 되고 말았다.

니므룻 궁전 벽화 – 앗시리아, BC 728년경, 대영박물관

위 – 디글랏 빌레셀 3세의 군인들이 한 도시(아마도 시리아에 있는)를 공격하고 있다.
중간 – 있는 글들은 BC 745 앗시리아의 원정 후 전쟁포로들을 이주시킨 것에 대해 설명하고 있다.
아래 – 앗시리아 군인들이 패배한 적군들의 신전에서 신들을 끌어내어 불태우기 위해 운반하고 있다.

아하스 왕이 앗수르 왕의 디글랏 빌레셀을 만나러 다메섹에 갔다가 거기 있는 제단을 보고 아하스 왕이 그 제단의 모든 구조와 제도의 식양을 그려 제사장 우리야에게 보내었더니 아하스 왕이 다메섹에서 돌아오기 전에 제사장 우리야가 아하스 왕이 다메섹에서 보낸대로 모두 행하여 제사장 우리야가 제단을 만든지라(왕하 16:1)

대부분의 유다 왕들은 범죄와 이방 신들을 섬겨서 죄를 지었다. 그러나 하나님 앞에 옳게 살려고 노력했던 왕들도 있었다. 3대 왕 아사, 4대 왕 여호사밧, 8대 왕 요아스, 9대 왕 아마샤, 10대 왕 웃시야, 11대 왕 요담, 13대 왕 히스기야, 16대 왕 요시야 등이다.

히스기야 왕

유다 왕 히스기야의 아버지 아하스나 아들 므낫세도 악행을 저질렀지만, 히스기야는 그의 전후 유다 여러 왕들 중에 유래 없이 여호와를 의지했다. 브엘세바에서 단까지 온 유다와 이스라엘에 보발꾼을 보내 예루살렘에서 유월절을 지킬 것을 통보했다(대하 30:5-6). 히스기야(BC 716-687)는 사르곤 2세가 죽은 틈을 타서 앗시리아에 반기를 들었다. 사르곤 2세의 아들 산헤립은 반기를 든 유다에 쳐들어와서 라기스 성을 점령(BC 701)하고 예루살렘을 포위했지만, 히스기야는 이사야 선지자의 조언과 함께 하나님을 의지하며 기도했다(왕하 18-19장). 하나님은 히스기야의 기도를 들으시고 예루살렘을 치러왔던 산헤립 왕의 앗시리아 군대를 치셨다. 산헤립은 니느웨로 돌아갔지만 니스록 신전에서 기도하고 있을 때 그의 아들들이 그를 죽였다(왕하 19:35-37).

히스기야 왕은 앗수르의 침략을 막기 위해 예루살렘 성 밖의 기혼샘의 물을 성안의 실로암 못까지 끌어들이는 터널 공사를 했다. 이 터널 공사가 553미터에 달하는 유명한 공사이다. 양쪽에서 석공이 S자 모양으로 돌을 깎아 들어가서 서로 만나는 지점이 1미터 정도의 오차에 불과했다고 한다(BC 700년경).

히스기야의 남은 사적과 그의 모든 업적과 저수지와 수도를 만들어 물을 성 안으로 끌어들인 일은 유다 왕 역대지략에 기록되지 아니하였느냐(왕하 20:20)

히스기야 터널(Hezekiah's Tunnel)을 만든 것을 기념하는 실로암 비문이 라임 스톤에 새겨져 이스탄불 고고학 박물관에 소장되어 있다.

므로닥 발라단(Marduk-apla-iddina II, Merodach-Baladan, Marduk-Baladan, BC 722-710, BC 703-702)은 바빌론 지역의 갈대아 왕자로서 BC 721년 바빌론 왕위를 빼앗아 앗시리아의 군사적 우위에도 불구하고 10년 이상(BC 722-710) 통치했다. 그러나 BC 710년 앗시리아 왕 사르곤 2세에 의해 바빌론에서 쫓겨났다가, 사르곤 2세가 죽은 뒤 BC 703년 바빌론에 다시 돌아와 9개월 동안 통치했으나, 산헤립왕에 의해 BC 702년 또 다시 쫓겨나 엘람에서 제기를 노렸다. 메소포타미아지역에서 앗시리아와 남북으로 대립하고 있었던 바빌론 왕 므로닥 발라단으로서는 유다의 히스기야 왕이 앗시리아 왕 산헤립의 침략을 물리쳤다는 데에 크게 고무되었다. 그러던 참에 히스기야 왕이 죽을 병이 들었다가 나았다 함을 듣고 글과 예물을 보냈다(사 39:1).

히스기야는 죽을 병에 걸렸을 때 하나님께 기도하였고, 하나님은 히스기야의 기도와 눈물을 보고 그의 생명을 15년간 연장하셨다. 그 징표로 아하스의 해시계 위에 나아갔던 해 그림자를 십도 뒤로 물러가게 하셨다(왕하 20:11). 마치 여호수아가 아모리 사람과 전쟁할 때 하나님께서 태양과 달을 머무르게 한 사건(수 10:12)을 연상하게 한다. 그러나 히스기야는 바빌론에서 므로닥 발라단이 보낸 사신들이 왔을 때, 하나님의 이름을 높이지 아니하고 자신을 자랑하면서 왕궁에 있는 보물을 다 보여 주었다(사 39:4). 그때 하나님께서 히스기야가 자랑했던 모든 것이 바빌론으로 옮겨 갈 것을 예언하셨다(사 39:6).

히스기야 왕이 예루살렘 성밖 기혼샘의 물을 성안의 실로암 못으로 끌어 들이기 위해 만든 지하 수로와 도면

히스기야 왕이 예루살렘 성밖 기혼샘의 물을 성안의 실로암 못으로 끌어 들이기 위해 만든 지하 수로
– 예루살렘의 Tower of David Museum

요시야

요시야 왕 때(BC 640–609)에 제사장 힐기야가 성전에서 하나님의 율법 책을 발견하고 서기관 사반을 통해 요시야 왕에게 전달했다. 서기관 사반이 요시야 왕 앞에서 그 율법책의 내용을 낭독했을 때, 요시야 왕은 옷을 찢고 회개했으며 모든 우상과 산당을 헐었다. 솔로몬이 멸망 산 오른 쪽에 세웠던 산당들과 여로보암이 벧엘에 세운 제단과 산당을 헐고 유월절을 지키며 종교개혁운동을 일으켰다(왕하 22–23장).

유다 왕 요시야는 평생 동안 하나님을 섬기며 바르게 살았으며 종교 개혁을 통해 백성들의 신앙을 새롭게 하였다. 그러나 그는 이집트의 느고 왕이 바빌론 군대를 치려고 유프라테스 강변의 갈그미스로 올라오자 그것을 막으려고 나갔다. 느고 왕은 요시야 왕에게 전갈을 보내 당신과 싸우려는 것이 아니고, 바빌론과 싸우려는 것이라고 요시야를 만류했으나, 요시야는 느고의 말을 듣지 않고 싸우려 나갔다가 이집트군이 쏜 화살에 맞아 중상을 입고 예루살렘으로 돌아와 죽고 말았다(BC 609년). 이집트 왕 느고는 바빌론과 싸우기 위해 두 번 갈그미스로 진출해서 BC 609년 나보폴라살과 싸움을(유다 왕 요시야의 죽음) 했고, BC 605년 느부갓네살과 싸웠으나 패하고 말았다. 바빌론은 승리의 여세를 몰아 여호야김 4년에 유다를 침공했다.

개역판과 개역개정판 성경번역의 오류가 있다. 열왕기하 23:29에서 "요시야 당시에 애굽의 왕 바로 느고가 앗수르 왕을 치고자 하여..." 라는 말이 있다. 여기서 "치고자"는 잘못된 번역이며 "돕고 자"로 번역해야 한다.

영어성경 NIV에서는 "Pharaoh Neco king of Egypt went up to the Euphrates River to help the king of Assyria."로 "to help"로 번역되어 있다. TEV와 CEV에서도 'to help'로 번역되어 있다. 이 당시 앗수르는 바빌론과 갈그미스에서 전투를 하고 있었으며 이집트 왕 느고는 바빌론에 대적해서 앗수르를 돕기 위해 출병했던 것이다(BC 609년). 이 전투에서 앗수르가 바빌론에 패하고 역사의 무대에서 사라졌다.

유다 백성들은 이집트 왕 느고가 요시야(BC 639–609)를 죽인 후 요시야의 아들 여호아하스(BC 609)를 왕으로 세웠다(대하 36:1). 그러나 이집트 왕 느고는 여호아하스를 이집트로 끌고 가고, 그의 형제 엘리아김을 왕으로 세우고 그의 이름을 여호야김(BC 609~598)으로 불렀다(대하 36:4). 바빌론은 이집트가 세운 여호야김을 바빌론으로 끌고 가고 그의 아들 여호야긴(여고냐, BC 598~597)을 왕으로 세웠다(대하 36:6–8). 그러나 불과 3개월 후에 바빌론의 느부갓네살 왕은 여호야긴을 바빌론으로 끌고 가고 숙부 시드기야(BC 597~586)를 왕으로 세웠다(대하 36:10). 결국 요시야가 죽은 뒤 그의 세 아들(여호아하스, 여호야김, 시드기야)이 잠시나마 왕들이 되었던 셈이다.

이사야서에 나타난 예언들

이사야(BC 740–700)는 남쪽 유다에서 활동한 선지자이다. 전체 66장으로 되어 있는 이사야는 성경 전체의 축소판이라고 할 수 있다. 이사야 1–12장은 거역하는 자에 대한 심판과 약속이다. 13–35장은 열방과 세상에 대한 심판과 약속이다. 36–37장은 유다 왕 히스기야와 앗시리아 왕 산헤립에 대한 이야기이다. 38장은 히스기야 왕의 병과 치료에 대한 내용이다. 39장은 바빌론 사절단의 예물을 보낸 내용이다. 40–66

장은 이스라엘의 구원자, 하나님의 구원, 심판과 희망을 담은 위로의 예언이다.

이사야서의 특징을 보면 다음과 같다.

예수님이 나사렛 회당에서 이사야서 61장을 읽으셨다.

주 여호와의 영이 내게 내리셨으니 이는 여호와께서 내게 기름을 부으사 가난한 자에게 아름다운 소식을 전하게 하려 하심이라 나를 보내사 마음이 상한 자를 고치며 포로된 자에게 자유를, 갇힌 자에게 놓임을 선포하며(사 61:1)

이사야는 북쪽 이스라엘의 멸망(남쪽의 왕 아하스, 북쪽의 왕 호세아 때)을 예언하고 목도했다(사 7:8). 이사야서에는 메시아에 대한 예언이 특별히 많이 있다. 1장에서는 행위 없는 집회와 제사를 책망하고 있으며(사 1:12-13), 1장 18절에서는 죄인을 부르시는 하나님의 심정이 묘사되어 있다.

여호와께서 말씀하시되 오라 우리가 서로 변론하자 너희의 죄가 주홍 같을지라도 눈과 같이 희어질 것이요 진홍 같이 붉을지라도 양털 같이 희게 되리라(사 1:18)

이사야서는 신바빌론제국의 등장과 앗시리아제국의 멸망을 예언했다.

나보폴라살의 신바빌론제국은 앗시라아의 니느웨를 함락(BC 612)시키고, 하란으로 도망가서 마지막으로 버티던 앗시리아 군대를 완전히 섬멸(BC 609)시켰다. 비옥한 초승달 지역을 놓고 이제 바빌론과 이집트 두 강국이 대결하게 되었고, 그 사이에 유다 나라가 끼여 있게 되었다. 이사야 선지자는 다윗 집에 속한 왕족과 유다 사회의 부패를 책망하고 사회정의를 외쳤다. '남은 자' 사상은 비록 나라가 멸망할지라도 회개하고 살아남는 자가 있을 것이라는 예언이다. 미가 선지자(BC 701-650)는 예루살렘이 멸망하고 성전이 파괴될 것을 예언했다.

이사야는 주전 8세기 선지자(BC 740-681)로 바빌론제국의 멸망과 고레스의 출현을 예언(사 13:17)했다. 바빌론은 주전 539년 메대(다리오 왕)와 바사(고레스 왕)의 연합군에 의해 멸망했다. 바빌론의 마지막 왕 벨사살은 예루살렘 성전에서 가져 온 기명으로 술을 마시다가 메데 왕 다리오에 의해 나라를 빼앗겼다(단 5:30-31). 여기서 바빌론은 주전 625년 느부갓네살의 아버지 나보폴라살에 의해 세워진 신바빌론제국을 말하기 때

바빌론의 이스타 문 – 개선의 행진이 이루어지던 곳 – 대영박물관

문에, 이사야는 신바빌론제국이 탄생하기도 전에 메데 사람에 의해 멸망될 것을 미리 예언한 셈이다. 당시에는 앗시리아의 군사적 우위에도 불구하고 유다 나라가 장차 바빌론에 포로가 될 것을 예언했다는 것은, 인간적인 상상을 초월하는 하나님의 예언이다. 또한 고레스 왕이 태어날 것을 예언한 것은 열왕기상 13:2에 하나님의 사람이 요시야 왕이 태어날 것을 예언한 것과 같은 맥락이다. 이사야 39장은 유다인들이 바빌론에 포로가 될 것을 예언했고, 이사야 40–55장은 포로가 된 유다 인들의 곤경과 구원에 대한 약속이다.

바빌론 포로와 관련된 시편과 이사야서의 내용

우리가 바빌론의 여러 강변 거기에 앉아서 시온을 기억하며 울었도다(시 137:1)

야곱아 어찌하여 네가 말하며 이스라엘아. 네가 이르기를 내 길은 여호와께 숨겨졌으며 내 송사는 내 하나님에게서 벗어난다 하느냐(사 40:27)

야곱이 탈취를 당하게 하신 자가 누구냐... 여호와가 아니시냐 우리가 그에게 범죄하였도다... (사 42:24)

내가 네 허물을 빽빽한 구름 같이, 네 죄를 안개 같이 없이하였으니 너는 내게로 돌아오라 내가 너를 구속하였음이니라(사 44:22)

너희는 바빌론에서 나와서... 이르기를 여호와께서 그의 종 야곱을 구속하셨다 하라(사 48:20)

여인이 어찌 그 젖 먹는 자식을 잊겠으며 자기 태에서 난 아들을 긍휼히 여기지 않겠느냐 그들은 혹시 잊을지라도 나는 너를 잊지 아니할 것이라(사 49:15)

이사야서에 애굽 땅 중앙에 세워질 여호와의 제단(사 19:19)에 대한 언급이 있다.

그 날에 애굽 땅 중앙에는 여호와를 위하여 제단이 있겠고 그 변경에는 여호와를 위하여 기둥이 있을 것이요(사 19:19).

이집트의 엘레판타인 섬(아스완 맞은 편)

애굽에 세워진 여호와의 제단

애굽에 두 번 여호와의 제단이 세워졌다. 한 번은 유다 왕 므낫세가 성전에 우상의 제단을 세우자, 분노한 대제사장들이 이집트의 남쪽 아스완의 엘리판타인 섬(Island of Elephantine)에 성전을 짓고 예루살렘 성전에 있던 언약궤를 가져가 보관했다고 전해지며, 또 한 번은 시리아와 이집트가 서로 격돌하고 있을 때, 시리아의 안티오쿠스 4세가 유다의 대제사장 권력다툼에서 밀려난 토비아스(Tobias)의 아들들을 앞세워 예루살렘을 침공하자, 대제사장 오니아스(Onias)가 이집트로 도망하여 헬리오폴리스의 노무스(the Nomus of Heliopolis)에 있는 땅을 이집트 왕(6대 톨레미 왕)으로부터 하사 받아, 그곳에 예루살렘과 성전을 닮은 시와 성전을 건설했다고 한다(요세푸스, 유다인의 전쟁사 1권 1장 1절).

이사야서에 나타난 메시아 사상

그러므로 주께서 친히 징조를 너희에게 주실 것이라 보라 처녀가 잉태하여 아들을 낳을 것이요 그의 이름을 임마누엘이라 하리라(사 7:14)

이는 한 아기가 우리에게 났고 한 아들을 우리에게 주신 바 되었는데 그의 어깨에는 정사를 메었고 그의 이름은 기묘자라, 모사라, 전능하신 하나님이라, 영존하시는 아버지라,
평강의 왕이라 할 것임이라(사 9:6)

이새의 줄기에서 한 싹이 나며 그 뿌리에서 한 가지가 나서 결실할 것이요(사 11:1)

보라 장차 한 왕이 공의로 통치할 것이요 방백들이 정의로 다스릴 것이며(사 32:1)

상한 갈대를 꺾지 아니하며 꺼져가는 등불을 끄지 아니하고 진실로 정의를 시행할 것이며(사 42:3)

나를 때리는 자들에게 내 등을 맡기며 나의 수염을 뽑는 자들에게 나의 뺨을 맡기며 모욕과 침 뱉음을 당하여도 내 얼굴을 가리지 아니하였느니라(사 50:6)

그가 찔림은 우리의 허물 때문이요 그가 상함은 우리의 죄악 때문이라 그가 징계를 받으므로 우리는 평화를 누리고 그가 채찍에 맞으므로 우리는 나음을 받았도다(사 53:5)

주 여호와의 영이 내게 내리셨으니 이는 여호와께서 내게 기름을 부으사 가난한 자에게 아름다운 소식을 전하게 하려 하심이라 나를 보내사 마음이 상한 자를 고치며 포로된 자에게 자유를, 갇힌 자에게 놓임을 선포하며(사 61:1)

포로생활과 후기 예언서에는 '메시야 사상'이 강하게 나타난 것을 볼 수 있다. 포로 생활에서 육체적인 해방은 페르시아 왕 고레스가 할 것이고, 포로생활에서 영적인 해방은 예수 그리스도가 가져온다는 것을 성경이 암시하고 있다. 그리고 이 암시는 구체적으로 표현되어서 예언서에 나타나 있다.

곧 오소서 임마누엘 오 구하소서 이스라엘 그 포로생활 고달파 메시아 기다립니다...(찬송가 104장)

베들레헴 에브라다야 너는 유다 족속 중에 작을지라도 이스라엘을 다스릴 자가 네게서 내게로 나올 것이라 그의 근본은 상고에, 영원에 있느니라(미 5:2)

...때가 이르리니 내가 다윗에게 한 의로운 가지를 일으킬 것이라...(렘 23:5)

...구원을 베푸시며 겸손하여서 나귀를 타시나니...(슥 9:9)

...보라 내가 내 사자를 보내리니 그가 내 앞에서 길을 준비할 것이요 또 너희가 구하는 바 주가 갑자기 그의 성전에 임하시리니...(말 3:1)

남쪽 유다와 바빌론 포로

유다의 19대 왕 여호야긴 때(BC 597) 바빌론의 느부갓네살 왕이 유다를 다시 침공했다. 여호야긴 왕과 유능한 기능공들을 포로로 잡아가고 여호야긴 왕의 삼촌 시드기야를 왕으로 세웠다. 시드기야(BC 597–586)는 예루살렘에서 11년을 통치하면서 이방 우상들을 섬기고 예루살렘 성전을 더럽혔다. 시드기야는 바빌론에 반기를 들었다가 바빌론에 포로로 잡혀가면서(왕하 25장), 남쪽 유다 나라는 344년간 존속한 끝에 멸망하고 말았다. 북쪽 이스라엘의 멸망과 남쪽 유다의 멸망의 차이점은 하나님은 다윗에게 하신 약속을 기억하시고 남쪽 유다를 징벌하시되 아주 망하게 하지는 않으셨다. 하나님은 남쪽 유다 사람들이 바빌론 포로 생활 70년 후에 다시 예루살렘으로 돌아와 하나님을 섬기고 성전을 건축하게 하셨다. 그러나 북쪽 이스라엘은 멸망 후 역사의 무대에서 사라지고 말았다.

이스라엘이 남북왕조로 갈라진 뒤에 남쪽 유다(BC 930)는 344년 동안 존속한 뒤에 바빌론제국에 의해 멸망(BC 586)하고, 기술이 있거나 몸이 건강한 중산층 이상의 유다 인들은 예루살렘에서 바빌론까지 1,300km나 되는 길을 포로로 잡혀 끌려갔다. 유다 땅에 남아 있었던 사람들은 중산층 이하의 무식한 사람들이 많았다. 선지자 예레미야는 예루살렘의 멸망을 보고 슬픈 노래를 지어 불렀다(예레미야 애가). 바빌론에 포로로 잡혀간 유다 인들은 바빌론 강변에 앉아서 버드나무 가지에 수금을 걸어놓고 시온을 기억하며 울었다(시편 137편).

바빌론 포로는 3차례에 걸쳐 진행되었다. 1차는 BC 605년 여호야김 왕 3년(단 1:1-7)에 다니엘 등이 바빌론으로 잡혀갔다. 2차는 BC 597년 (왕하 24:10-17)에 여호야긴 왕과 에스겔 등이 바빌론에 잡혀 갔다. 3차는 BC 586년 (왕하 25:7, 렘 52:29)에 시드기야 왕 등이 바빌론에 잡혀 갔다. 여호야김 왕 3년 다니엘과 유대 지도자들이 바빌론에 포로로 잡혀 간 이후 바사왕 고레스가 바빌론을 멸망시키고, 포로들을 1차 귀환시켰던 약 70년간을 '바빌론 포로기간'(BC 605-537) 이라고 한다.

앗시리아(앗수르)는 많은 백성들을 포로로 잡아가서 이주하는 정책을 썼고, 바빌론은 앗수르와는 달리 지식인과 기술자 등 지도자들을 잡아가는 정책을 썼다. 그러나 페르시아(바사)는 포로들을 돌려보내는 정책을 쓰게 함으로 하나님은 자기 백성을 구원하셨다. 바빌론에 일찍 간 다니엘은 이집트에 일찍 갔던 요셉처럼 유다 포로들을 돌봐 주는 역할을 했다.

3. 분열 왕국 관련 성경

아모스

아모스(BC 763-750)는 사회정의를 외치면서 실천할 것을 권면했다. 1-2장은 이스라엘의 인접국에 대한 심판이다. 2-8장은 유다와 이스라엘에 대한 심판이다. 9장은 이스라엘에 대한 심판과 회복이다. 하나님은 행하실 일을 선지자들에게 먼저 보이시고 행하신다(암 3:7). 범죄한 민족(이스라엘)에게 여호와의 날은 어둠의 날이요, 심판의 날이다(암 5:18). 이스라엘이 다메섹 밖으로 잡혀 가고 멸망할 것을 예언했다(암 5:27, 7:11, 17: 8). 양식이 없어 주림이 아니며 물이 없어 갈함이 아니라 하나님의 말씀을 듣지 못한 기갈이다(암 8:11). 하나님은 범죄한 나라를 지면에서 멸하시지만 야곱의 집은 온전히 멸하지는 않으신다(암 9:8). 아모스는 이스라엘의 멸망을 예언했지만 이스라엘의 회복 예언으로 끝을 맺는다(암 9:11-15).

호세아

호세아(BC 755–715)는 창녀와 같은 이스라엘 백성을 하나님이 인내로 찾으시는 모습을 보여준다. 1장은 호세아의 가정을 통한 교훈과, 2–14장은 이스라엘의 범죄와 하나님의 사랑으로 하나님의 심판과 회복의 내용이다. '다른 신을 섬기고 건포도 과자를 즐길지라도 여호와가 그들을 사랑하나니'(호 3:1)는 우상에 빠져 음녀가 된 이스라엘을 다시 품으시는 하나님을 알 수 있고, '오라 우리가 여호와께로 돌아가자 여호와께서 우리를 찢으셨으나 도로 낫게 하실 것이요 우리를 치셨으나 싸매어 주실 것임이라'(호 6:1)는 회개를 촉구한다. '여호와께서 이틀 후에 우리를 살리시며 셋째 날에 우리를 일으키시리니 우리가 그의 앞에서 살리라'(호 6:2)는 말씀에는 예수와 우리의 부활에 대한 이야기가 있고, '나는 인애를 원하고 제사를 원하지 아니하며 번제보다 하나님을 아는 것을 원하노라'(호 6:6)는 하나님이 무엇을 원하시는지를 알 수 있다. 이것이 이방신과 하나님의 차이점이다. 하나님은 제사보다 하나님의 뜻을 바로 알고 실천하는 것을 원하신다.

요엘

요엘(BC 835–796)은 유다에서 활동한 선지자로 하나님의 심판의 날이 다가오고 있으므로 금식을 선포하며 회개할 것을 촉구했다. 본서의 기록 목적은 유다와 예루살렘에 임박한 하나님의 심판을 경고하는데 있다. 하나님께서는 이스라엘 땅에 임한 가뭄과 메뚜기 재앙을 통하여 '주의 날'을 선언하면서 백성들이 죄를 회개하고 돌아오기를 권고한다. 1장은 재앙에 대한 선언과 회개를 촉구했다. 2장은 여호와의 심판의 날과 회개 촉구와 여호와의 응답과 성령의 약속에 대한 내용이다. 3장은 모든 민족에 대한 심판과 자기 백성을 축복하시는 하나님에 대해 서술하고 있다.

미가

미가(BC 737–690)는 남쪽 유다에서 활동한 선지자이다. 미가의 외침은 주로 사회적인 부도덕, 인간의 타락성 등을 지적하고 준엄하게 경고한 것이 특색이다. 그는 유다의 멸망을 하나님의 심판의 행위로 예언하였고, 하나님은 예루살렘의 멸망을 선언하였다. 1–3장은 사마리아와 예루살렘의 부도덕에 대한 심판을 선포했다. 4–5장은 여호와의 구원과 베들레헴에서 탄생할 메시아를 예언했다. 6–7장은 이스라엘의 죄와 형벌 그리고 이스라엘의 고백과 위로를 언급하고 있다.

스바냐

스바냐(BC 640–609)는 남쪽 유다에서 활동하던 선지자이다. 스바냐가 전한 예언에는 두 가지 특별한 사상이 있는데, 그것은 하나님의 우주적인 심판 사상과 유다 백성들의 남은 자가 구원을 받을 것이라는 선포이다. 1장은 여호와께서 심판하시는 날이다.

2장은 회개의 호소와 이스라엘 인접국들에 대한 심판이다. 3장은 예루살렘의 심판과 회복을 선포한다.

열왕기

바빌론에 포로 간 유다 인들은 운하건설과 건축에 동원되었다. 바빌론 포로 중 민족의 장래를 걱정한 한 유다 인이 민족의 결집을 위해 역사를 기록한 것이 열왕기이다. 솔로몬의 일대기라고 볼 수 있는 전반에서는 솔로몬이 성전을 건축하여 봉헌한 것이다. 반면 그는 많은 이방 여인을 취하면서 우상 숭배에 빠져 몰락의 길을 걸었다. 솔로몬이 죽자 왕국은 둘로 분열되었다. 열왕기하는 솔로몬 이후에 분열된 두 왕국의 멸망에 관한 이야기를 주로 다루고 있다.

역대기

역대기는 포로귀환(BC 458–440) 후 에스라에 의해 예루살렘에서 기록되었다. 역대기상은 아담으로부터 다윗과 솔로몬에 이르는 유다 역사를 기록하고 있고, 역대기하는 솔로몬으로부터 예루살렘 함락과 바빌론 포로, 바사 왕 고레스의 귀환 명령 때까지의 역사 등 주로 남쪽 유다 왕국을 중심으로 역사를 기록했다. 역대기하 18장에 아합 왕에 대한 선지자 미가야의 경고 외에는 북쪽 이스라엘에 대한 언급이 없다. 북쪽 이스라엘은 포로 당시 이방인들과 혼혈되어 하나님의 백성으로서의 정통성을 상실한 것으로 간주했다.

시드기야의 동굴 – 예루살렘 구 도시 밑에

8

앗시리아제국 시대 이야기

앗시리아제국(BC1350~BC609)과 바빌론제국은 메소포타미아를 가운데 두고 남북으로 대립하고 있었다. 메소포타미아의 북쪽 절반을 앗시리아제국이 차지하고 남쪽 절반을 바빌론이 차지하고 있었다. 앗시리아 왕 디글랏 빌레셀 3세는 유다왕의 요청으로 이스라엘을 침략하여 아람왕 르신을 죽이고 조공을 받았으나, 살만에셀 5세 때 북쪽 이스라엘을 멸망시켰다. 산헤립은 사르곤 2세의 아들로서 히스기야 시대에 남쪽 유다를 침공했다. 관련 성경은 요나, 나훔, 열왕기하 8-21장, 아모스 1-9장, 호세아 1-14장, 이사야 1-39장, 미가 1-7장이다.

1. 앗시리아제국 시대

앗시리아제국과 바빌론제국

메소포타미아를 가운데 두고 북쪽 절반을 차지하던 앗시리아제국(BC 911–612)은 아다드 니라리 2세(Adad–nirari II)로부터 BC 612년 니느웨가 바빌론에 멸망될 때까지 존재했던제국이다. 중기 앗시리아 시대에는 앗시리아가 메소포타미아 북쪽의 작은 왕국으로 남쪽의 바빌론과 경쟁하고 있었다. 그러다가 디글랏–빌레셀 3세(Tiglath–Pileser III, BC 745–727)의 개혁과 더불어 권력이 절정에 이르게 되어 남쪽 바빌론 지역을 지배했다. 중기 앗시리아의 주요 도시들은 티그리스 강 계곡의 앗수르(Ashur), 니므롯

(Nimrud, Kalhu), 니느웨(Nineveh)이다. 요나는 북이스라엘의 여로보암 2세 때(BC 786–746) 선지자였으며, 요나가 예언활동을 할 때(BC 785–775) 앗시리아의 수도는 니므롯(Nimrod, Kalhu)이었다.

니느웨(Nineveh)는 지금 이라크의 모술부근이며 니느웨가 앗시리아의 수도(BC 705–612)가 된 것은 산헤립 왕 때(BC 705–681)이다. 니느웨를 처음 건설한 사람은 니므롯이다(창 10:12). '니느웨'라는 이름 자체는 슈메르 이름이며 이스타(Istar)신의 숭배 장소였다. 앗시리아제국은 메데(Medes)와 바빌론(Babylon)의 연합군에 의해 니느웨가 함락(BC 612)되고 하란으로 도망가서 버티다가 완전히 몰락했다(BC 609). 후기 청동기시대 니느웨는 인구 3만 명 정도의 도시로 바빌론보다 규모가 훨씬 작았지만 세계적으로 주요 도시의 하나였으며, 멸망 당시의 인구는 12만 명 정도로 아마 그 당시 세계에서 가장 큰 도시였다고 생각된다.

2. 앗시리아 왕들

이스라엘과 유다 역사에 관련된 앗시리아 왕들의 계보를 보면, 살만에셀 3세는 이스라엘 왕 예후로부터 조공을 받았다. 디글랏 빌레셀 3세는 유다왕 아하스의 요청으로 이스라엘을 침공하여 아람왕 르신을 죽이고, 이스라엘왕 베가로부터 조공을 받았다. 북쪽 이스라엘을 멸망시킨 것이 살만에셀 5세였으나, 사마리아가 망하던 해(BC722)에 그가 죽고, 그의 동생 사르곤 2세가 왕이 되었는데, 이방민족을 이스라엘에 정착시키고 사마리아 사람들을 북쪽으로 이동시켜서 사마리아 인구가 혼혈되도록 만든 장본인이다. 사르곤 2세의 아들로서 산헤립은 히스기야 시대에 남쪽 유다를 침공해서 라기스를 비롯해 여러 도시를 점령했으나, 예루살렘은 점령하지 못하고 니느웨로 도망갔다. 후일 니느웨에서 그의 아들들에 의해 살해되고 엣살하돈이 왕이 되는데, 이 왕은 아버지를 죽이는데 가담하지 않았던 아들이다. 오스납발 왕은 자신이 지식인이라고 자칭하면서 니느웨에 왕립도서관을 세웠다.

살만에셀 3세의 검은 오벨리스크 (Black Obelisk of Shalmaneser III)
– 대영박물관

살만에셀 3세 – 이스탄불 박물관

살만에셀 3세 (BC 858–824)

이스라엘 왕 예후는 시리아를 견제하기 위해 앗시리아 왕 살만에셀 3세에게 원조를 요청하고 많은 금을 상납했다. 대영 박물관에 있는 살만에셀 3세의 검은 오벨리스크에는 4면으로 돌아가면서 앗시리아 왕에게 조공을 바치는 각 나라 왕들의 모습이 조각되어 있는데 그 중에 이스라엘 왕 예후가 엎드려 조공을 바치는 모습도 새겨져 있다. 또한 4면에 190줄의 글이 있는데 앗시리아 왕이 31번에 걸친 원정 전쟁에 대한 기록이 있다. 서쪽으로 지중해, 서북쪽으로 길리기아, 동쪽으로 메대, 남쪽으로 바빌론과 걸프만 등에 대한 원정기록이다

삼시 아다드 (BC 814)

니므롯(Nimrud)의 나부(Nabu) 신전에 있는 삼시 아다드의 모습에는 여러 신들이 상징으로 새겨져 있는데 다섯 신의 상징 앞에는 모자 모양을 하고 있는 앗시리아 최고의

이스라엘과 유다 역사에 관련된 앗시리아 왕들의 계보

살만에셀 3세(BC 858–824)	이스라엘 왕 예후로부터 조공을 받음
삼시아다드 5세(BC 824–810)	
아디드니라리 3세(BC 810–782)	
살만에셀 4세(BC 782–773)	
앗수르단 3세(BC 773–754)	
앗수르니라리 5세(BC 754–745)	
디글랏 빌레셀 3세(BC 745–727)(불)	유다 왕 아하스의 요청으로 이스라엘을 침공
살만에셀 5세(BC 727–722)	북쪽 이스라엘을 멸망시킴
사르곤 2세(BC 721–705)	이방민족을 이스라엘에 정착시킴
산헤립(BC 704–681)	히스기야 시대에 남쪽 유다를 침공함
엣살하돈(BC 681–669)	산헤립의 아들
오스납발(BC 669–633)	니느웨에 왕립 도서관을 세움

신, 앗시리아(Ashur), 원반 레코드 모양의 태양 신, 사마스(Shamash), 초승달 모양의 달신, 신(Sin), 천둥번개 모양의 폭풍의 신, 하다드, 별모양의 비너스는 사랑과 전쟁의 신 이스타(Ishtar), 가슴에 십자가 모양은 태양신을 가리킨 것으로 보아 삼시 아다드는 여러 신을 섬겼다는 것을 알 수 있다.

삼시아다드 – 대영박물관

디글랏 빌레셀 3세 (Tiglath-Pileser III)

앗시리아는 디글랏 빌레셀 3세(BC 745–727) 때 막강해져서 바빌론도 지배하고 다른 여러 나라를 정복했다. 디글랏 빌레셀 당시 앗시리아 지도를 보면 메소포타미아, 페니키아, 가나안, 이집트 등 광범위한 땅을 지배했다. 성경에는 그의 이름이 디글랏

디그랏 빌레셀 3세 – 이스탄불 박물관

빌레셀(왕하 15:29), 또는 불(왕하 15:19)로 나온다. 유다 왕 아하스의 요청으로 그는 사마리아와 이스라엘에 쳐 들어가 시리아 왕 르신을 죽이고 이스라엘 왕 베가로부터 조공을 받았다.

Sennacherib

산헤립 (Sennacherib)

사르곤 2세의 아들 산헤립(BC701)은 히스기야 왕때 유다로 쳐들어 왔다. 하나님이 산헤립의 앗시리아 군대를 치신 이야기가 성경에 나온다(왕하 19:35). 산헤립(BC705-681)의 패배 후 그를 이어 왕이 된 에살핫돈의 글에는 산헤립의 아들들의 모반의 배경과 장남이 아닌 자신이 아버지로부터 어떻게 후계자 지명을 받았는지가 기록되어 있다. 바빌론의 마지막 왕 나보니두스와 요세푸스의 기록에도 산헤립의 살해기록이 있으며 성경에도 기록되어 있다(왕하 19:35-37).

앗시리아 명판에 아카디안 언어(Akkadian Language, 큐네이폼 문자)로 기록된 산헤립의 기도문을 보면 그가 어떻게 교만했는지를 알 수 있다.

"산헤립, 위대한 왕, 힘있는 왕, 우주의 왕, 앗시리아의 왕, 세계 사방의 왕, 위대한 신들이 총애하는 왕, 앗시리아의 신과 여신 이스타르(Ishtar)는 나에게 무적의 무기를 주었고, 앗시리아의 적의 파멸을 위해서 내 손을 여셨다. 신들의 큰 힘을 믿으면서 나는 내 군대를 지구의 한쪽 끝에서 다른 쪽 끝으로 몰아서 세상 사방의 왕궁에 거하는 모든 왕들을 내 발 밑에 복종시켰으며 그들은 나의 멍에를 메게 되었다. 그때 나는 나의 왕도인 니느웨의 지경을 넓혔으며, 시장거리를 충분히 넓혀서 왕의 길이 지나가게 하고 그 길이 낮처럼 빛나게 했다. 벽과 바깥벽을 공교롭게 건

산헤립의 연대기를 적은 각기둥 - 대영박물관

앗시리아 왕궁의 실내 모습을 재구성한 그림 – 대영박물관

축해서 산처럼 높게 했다. 나는 벽을 100규빗까지 넓게 만들었다. 앞으로 왕의 길을 좁게 하는 일은 없어야 할 것이다. 그러므로 내가 서로 마주보는 기둥(stele)을 세웠다. 왕도의 넓이는 내가 재어보니 파크 게이트(Park Gate)까지 52규빗이었다. 도시에 거하는 사람 중에서 누구라도 낡은 집을 헐어버리고 새집을 지으면서 그 집의 기초가 왕의 길을 침해하는 자는 그 집의 장대 위에 목을 매달아 죽게 할 것이다."

앗시리아 왕 산헤립 (BC 704–681)의 기도문 – 이스탄불 박물관

산헤립의 연대기를 적은 각기둥에는 앗시리아 왕 산헤립의 처음 8번의 전쟁 기록을 적어 놓았고, BC 701년에 3번째 서쪽 원정에서 산헤립은 두로와 시돈 등 페니키아인들을 정복하고 암몬, 모압, 에돔 등으로부터 조공을 받았다. 산헤립의 자랑을 적은 연대기에도 예루살렘을 정복했다는 기록이 없다는 것은, 히스기야 시대에 산헤립이 예루살렘을 정복하지 못했다는 것을 스스로 입증해 주고 있다.

에살핫돈 (Esarhaddon)

앗시리아 왕 에살핫돈(BC 681–669)이 이집트 원정을 성공하고 돌아오는 장면을 새긴 부조이다. 에살핫돈이 오른손을 들고 그의 신을 예배하고 있으며, 왼손으로는 볼모로 강제 이송되는 작은 두 왕자의 코에 갈고리를 꿰어 들고 있다. 무릎을 꿇고 있는 작은 사람은 이집트 왕자이고, 서 있는 사람은 정복당한 수리아 도시의 왕자로 보인다. 유다 히스기야 왕 때 앗시리아 산헤립 왕이 침략해서 하나님을 모독했을 때, 하나님께서는 앗시리아 인들의 잔인한 그대로 갈고리로 코를 꿰어 오던 길로 돌아가게 하겠다고 하셨다(사 37:29, 왕하 19:37).

에살핫돈 – 에살핫돈(BC 681–669)이 이집트 원정을 성공하고 돌아오는 장면을 새긴 부조이다. 에살핫돈이 오른손을 들고 그의 신을 예배하고 있으며 왼손으로는 볼모로 강제 이송되는 작은 두 왕자의 코에 갈고리를 꿰어 들고 있다. 무릎을 꿇고 있는 작은 사람은 이집트 왕자이고, 서 있는 사람은 정복당한 수리아 도시의 왕자로 보인다. 베르린 버가모 박물관

Assyrian Warship

앗시리아의 군함 – 양쪽에 두 줄의 노젓는 곳을 갖춘 배로 화살을 장착하고 있다(BC 700), 대영박물관

오스납발 왕 (앗수르바니팔, Ashurbanipal)

오스납발(BC 669-633)은 강력했던 왕으로 많은 이방인들을 사마리아에 강제 이주시키고(스 4:10), 니느웨에 고대 세계 최대의 왕립 도서관을 세웠다. 오스납발의 생애를 적은 점토판을 보면 오스납발이 어떻게 글을 읽을 줄 알게 되었고, 어려운 고전을 해독했는지와 전문가들 앞에서 자신의 주관을 견지했는지를 적고 있다. 메소포타미아 왕들 중 문맹자가 많았지만 오스납발은 그렇지 않았다는 것을 나타낸 것으로 보인다. 1853년 영국인 랏삼(Hormuzd Rassam)에 의해 니느웨의 위치가 확인되고 도서관이 발굴되면서, 그곳에 소장되었던 길가메스 서사시 등 많은 점토판이 발견되었다.

오스납발 – 오스납발의 자서전(Autobiography of Ashurbanipal), 오스납발이 어떻게 글을 읽을 줄 알게 되었고 어려운 고전을 해독했는지와 전문가들 앞에서 자신의 주관을 견지했는지를 적고 있다. 메소포타미아 왕들 중 문맹자가 많았지만 오스납발은 그렇지 않았다는 것을 나타낸 것으로 보인다. 대영박물관

3. 앗시리아 관련 성경

요나

요나는 북왕국 이스라엘의 여로보암 2세 때 예언 활동을 했다. 요나는 항상 이스라엘을 위협하는 원수의 나라 앗시리아의 큰 도시 니느웨(BC 770-750)로 가서, 하나님의 심판을 선포하여 니느웨 사람들이 회개함으로 멸망하지 않고 살도록 하라는 하나님의 명령을 받았다. 그러나 요나는 원수의 나라 앗시리아 사람들이 살아남는 것이 싫어서 도망치기 위해 다시스로 가는 배를 탔다. 요나서 1장은 요나의 도망, 2장은 요나의 회개, 3장은 니느웨로 가는 요나, 4장은 니느웨의 회개로 이루어져 있다. 니느웨에서 앗시리아 사람들이 가나안 땅으로 침략할 때는 카르카르, 사마리아, 다메섹으로 침략했다.

나훔

나훔서의 대부분의 내용은 앗시리아의 수도 니느웨의 멸망을 예언하는 시로 구성되어 있다. 저자 나훔의 활동시대(BC 663-612)는 앗시리아의 전성기로서, 피정복자들을 잔인하게 다루고 학대하지만 마침내는 멸망을 당할 것이라고 예언하였다. 나훔서 1장은 니느웨에 대한 하나님의 분노, 2-3장은 니느웨의 멸망에 대한 예언으로 구성되어 있다. 나훔서는 그보다 약 100년 전에 기록된 요나서와 좋은 대조를 보이고 있다. 두 책은 다 같이 니느웨에 관한 예언이나, 요나서는 니느웨가 회개하고 구원받은 것을 전하지만, 나훔서는 니느웨의 멸망을 전하고 있다.

아모스

앗시리아는 시리아의 침략으로부터 이스라엘을 보호해 주었고, 이집트와 세력 균형을 이룬 가운데 절대 강자와 약자가 없었다. 따라서 전쟁이 끊이지 않았던 비옥한 초승달 지역에도 BC 850년에서 745년에는 전쟁 없이 평온한 시대가 있었다. 이 평화 시기에 아모스 선지자가 이스라엘이 곧 멸망할 것이라고 외쳤을 때에는 아무도 그 말을 믿지 않았다. 아모스는 남쪽 유다의 드고아에서 온 가난한 목자였다. 엘리야처럼 그는 사회 정의를 부르짖었으며, 이스라엘 사회의 악과 탐욕을 바라보고 그는 하나님이 오래 참지 않으시리라고 생각했다.

고대근동 지역의 세력 변화

고대근동 지역의 세력변화를 보면 고대 앗시리아제국, 고대 바빌론제국, 신앗시리아제국, 신바빌론제국, 바사제국, 헬라제국, 로마제국의 순서이다.

고대 근동지역은 세력이 점차 바뀌게 되는데 변화과정을 살펴보면, 처음에는 고대 앗시리아제국이 있었다. 고대 바빌론제국, 신앗시리아제국을 거치면서 신바빌론제국이 신앗시리아제국을 멸망시켰다(612 BC). 신바빌론제국이 메소포타미아 지역을 통일했다가 페르시아제국에 의해 멸망을 당한다(539 BC). 페르시아제국은 결국 알렉산더 대왕의 헬라제국에 의해 망하고(330 BC), 헬라제국은 로마제국에 그 자리를 내어주고 만다(63 BC). 이런 고대세계의 변화를 보면서 시대별로 변하는 역사적 문화적 상황을 이해하면 성서의 배경을 더 잘 알 수 있게 된다.

9

바빌론제국 시대 이야기

1. 고대 바빌론제국과 신 바빌론제국
2. 바빌론 왕들
3. 바빌론 관련 성경

성경에 나오는 바빌론은 고대 바빌론이 아니라 신 바빌론제국이다. 신 바빌론제국은 나보폴라살에 의해 시작되었으며 그의 아들 느부갓네살 때 최전성기를 맞이했다. 느부갓네살은 유다를 멸망(BC 586)시키고 이집트를 침공(569 BC)했으며, 나보니두스는 에돔을 멸망(BC 553)시켰다. 이사야와 예레미야는 바빌론의 멸망을 예언(사 13-14, 렘 50-51)했고, 페르시아의 고레스 대왕은 메대와 페르시아의 군대를 이끌고 바빌론을 정복(BC 539)했다. 요한계시록 18장은 바빌론을 불신앙적인 인간문화의 상징으로 보고 있다. 바빌론 관련 성경은 이사야 40-55장, 예레미야, 애가, 에스겔, 다니엘, 하박국이다.

1. 고대 바빌론제국과 신 바빌론제국

바빌론 연대기 - BC 605–594 사이의 기록으로 느부갓네살의 왕위 즉위, 갈그미스에서 이집트와의 전투와 예루살렘에 대한 기록이 있다. 대영박물관

고대 바빌론제국(BC 19세기 – 17세기)의 탄생은 아모리 족속이 BC 19세기 아라비아 사막에서 메소포타미아로 침략하면서, 슈메르인(Sumerians)과 아카드인들(Akkadians)을 점령하고 바빌론 도시를 수도로 세우면서 창설되었다. 함무라비 왕(Hammurabi, BC 1792–1750)과 그의 아들 (Samsu Iluna) 때 전성기였으며, BC 1600년경 히타이트(Hittites, 헷 족속) 등의 침입으로 쇠퇴했다.

신 바빌론제국(BC 625–539)은 나보폴라살이 창설하고 BC 612년 신 앗시리아제국의 수도 니느웨를 멸망시켰다. 신 앗시리아제국은 하란으로 도망가서 이집트의 도움을 받으면서 제기를 노렸지만, 나보폴라살 왕은 BC 609년 유다 왕 요시야 때 갈그미스 전투에서 신 앗시리아를 도우려고 진출했던 이집트 왕 느고를 물리치고 이 지역

나보폴라살의 원통 – 나보폴라살의 실린더(Cylinder of Nabopolassar, 625–605 BC), 나보폴라살 왕의 바빌론 성벽 공사에 대한 기록이 있다. 대영박물관

의 패권을 장악했다. 갈그미스는 바빌론과 이집트 간에 전투가 벌어졌던 곳이며, 오늘 터키와 시리아의 국경에 위치하고 있다. 유프라테스 강을 건너는 주요한 여울목을 지키는 요지에 있는 이곳은 독립된 무역의 중심지였다. 갈그미스 전투(BC 605년)에서 바빌론 왕 느부갓네살이 이집트 왕 느고를 무찌르고 유다까지 쳐 들어가서, 다니엘 등 유다 지도자들을 바빌론으로 끌고 간(단 1:1–7) 초승달 지역 싸움이었다.

나보폴라살의 실린더 (Cylinder of Nabopolassar, BC 625–605, 대영박물관)에는 나보폴라살 왕의 바빌론 성벽 공사에 대한 기록이 있다.

성경에 나오는 느부갓네살 2세(BC 605–562)는 많은 원정을 통해 바빌론의 부를 쌓고 많은 건축으로 바빌론을 고대 세계의 중심 도시로 만들었다.

2. 바빌론 왕들

바빌론의 왕들은 다음과 같다.

바빌론의 왕들

왕	내용	연대
나보폴라살 (Nabopolassar)	200년 동안 바빌론을 다스려 온 앗시리아에 반기를 들고 메대와 연합하여 니느웨를 함락시키고(BC 612) 하란을 점령함(BC 610)	BC 626-605
느부갓네살 (Nebuchadnezzar Ⅱ)	나보폴라살의 아들로 갈그미스 전투에서 이집트의 바로 느고를 물리침	BC 605-562
에윌 므로닥 (Evil-merodach)	느부갓네살의 아들, 여호야긴 왕을 석방함(왕하 25:27)	BC 562-560
네리그리살 (Neriglissar)	느부갓네살의 사위, 에윌 므로닥을 죽이고 왕이 됨	BC 560-556
라바시 므로닥 (Labashi-Marduk)	네리그리살의 어린 아들로 왕이 되었으나 살해됨	BC 556
나보니두스 (Nabonidus)	어머니가 하란 달 신전의 여사제, BC 553 아들에게 나라를 맡기고 아라비아의 오아시스 데마(Tema)를 정복, 달신(Sin) 숭배에 몰두하다가 페르시아 침략을 막기 위해 BC 543에 돌아갔다.	BC 556-539
벨사살 (Belshazzar)	나보니두스의 아들, 아버지와 공동 통치함, 다니엘서에 나오는 왕(단 5장), 바빌론의 멸망	BC 553-539

느부갓네살 (Nebuchadnezzar)

느부갓네살(Nebuchadnezzar)은 BC 605년부터 BC 562년까지 43년간 바빌론을 다스렸다. 구약성경에만 그의 이름이 90회 나올 정도로 이방 왕들 가운데는 성경에 가장 많이 등장한다. 지구랏(Ziggurat)과 이스타 문(Ishtar Gate)과 공중정원(Hanging Garden)을 건설했고, 유프라테스 강과 티그리스 강을 잇는 운하건설, 두라 평원에 금 신상을 세웠다.

이스라엘 노예들이 건설공사에 강제 동원되었고, 시편 137편은 이들의 슬픔을 노래하고 있다.

바빌론의 강변에서 수금을 걸었던 것과 같은 버드나무 - 이스라엘 네오트 케두밈

우리가 바벨론의 여러 강변 거기에 앉아서 시온을 기억하며 울었도다
그 중의 버드나무에 우리가 우리의 수금을 걸었나니
이는 우리를 사로잡은 자가 거기서 우리에게 노래를 청하며
우리를 황폐하게 한 자가 기쁨을 청하고
자기들을 위하여 시온의 노래 중 하나를 노래하라 함이로다
우리가 이방 땅에서 어찌 여호와의 노래를 부를까
예루살렘아 내가 너를 잊을진대 내 오른손이 그의 재주를 잊을지로다 (시편 137:1-5)

시편 137편은 건설공사에 강제동원 된 이스라엘 노예들의 슬픔을 노래했으며, 사진은 바빌론의 강변에서 수금을 걸었던 것과 같은 버드나무(이스라엘 네오트 케두밈)이다. 현재 우리에게 잘 알려져 있는 보니 엠의 노래 바빌론 강변에서는 시편 137편의 내용이다. 베르디의 오페라 '나부꼬'는 느부갓네살 왕 이야기를 바탕으로 했으며, 오스트리아의 지배를 받던 이태리 밀라노 사람들에게 강한 자극을 주었다.

느부갓네살 벽돌 – 느부갓네살 왕때 구웠던 벽돌, 대영박물관

느부갓네살의 벽돌

고대 바빌론에서 통치자들은 중요한 건물에 사용될 벽돌을 구울 때, 그들의 이름을 새겨 두는데 이것이 후대 중요한 단서를 제공한다. 느부갓네살의 벽돌(BC 6)에 새겨진 글은 다음과 같다.

'느부갓네살(Nebuchadnezzar), 바빌론 왕, 바빌론에 있는 신전 에사길라(Esagila)와 에지다(Ezida)를 지키는 자, 바빌론 왕, 나보폴라살(Nabopolassar)의 장남'

바빌론 지도

바빌론에서 제작된 최초의 세계지도이다. 바빌론 사람들은 맥주와 잉여농산물 수출을 위해 다른 나라의 위치를 알기 원했기 때문에 12.2cm 높이의 흙판 지도를 제작했다. 바빌론 시를 세계의 중심으로 그렸고 세계는 바닷물(bitter water)로 둘러싸인 큰 원이며, 그 안에 바빌론 도시가 있고 작은 원들은 주변 왕국들이다. 지도 꼭대기에 있는 산에서 시작하는 유프라테스 강이 수직으로 바빌론 도시를 거쳐 지도 아래 습지로 흘러 들어간다. 꼭대기의 글자에는 북쪽을 표시하기 위해 '태양이 보이지 않는 곳'이라는 글자가 있고, 여러 지역 설명과 함께 우트나피스탐(Utnapishtim)과 아카드의 사르곤(Sargon of Akkad)의 이름이 언급되어 있다.

바빌론 지도 – 바빌론에서 제작된 최초의 세계지도, 대영박물관

바빌론 용

바빌론에는 대표적인 세 우상이 있다. 하늘을 다스리는 아누(Anu), 공중과 땅을 다스리는 벨(Bel), 그리고 땅 밑을 관장하는 에아(Ea)이다. 그 중에 벨(마르둑, 므로닥)이 최고의 신이다. 바빌론 느부갓네살 왕의 궁전문 '이슈타 문'에는 용의 머리, 뱀의 피부, 사자의 앞발, 독수리의 뒷발을 가진 용(복합 짐승)이 그려져 있다.

바빌론 용 – 바빌론 최고의 신 마르둑을 상징하는 용, 이스탄불 박물관

바빌론 포로

느부갓네살 왕은 예루살렘 성으로 들어가 왕과 신하들을 포로로 잡아갔다. BC 605년에 다니엘을 포로로 잡아가고, BC 598년에는 여호야김 왕을 쇠사슬로 결박하여 바빌론에 포로로 잡아갔다(대하 36:5-8). BC 597년에는 여호야긴(여고냐) 왕과 유다 지도자들(에스겔, 모르드개 등)을 바빌론에 포로로 잡아갔다(왕하 24:15-17, 에 2:6). 마태복음은 이때를 바빌론 포로의 기점으로 삼고 있다(마 1:11-12). BC 586년에는 예루살렘을 함락시키고 성전을 파괴하고 사람들을 포로로 잡아갔다. BC 582년에는 또다시 예루살렘에 와서 사람들을 포로로 잡아갔다(렘 52:29-30). 바빌론에 포로간 유다인들은 정치적 집단이 아니라 종교적 집단으로 뭉쳤다. 그래서 회당을 지어 성경을 공부했으며, 바빌론에 일찍 갔던 다니엘은 애굽에 일찍 갔던 요셉이 그랬던 것처럼, 포로가 된 유대 인들을 돌보는 역할을 했다.

신바빌론제국의 왕 나보니두스는 다니엘서에 나오는 벨사살 왕의 아버지이다. 나보니두스의 실린더에는 자신이 섬기던 여러 신들을 위해 왕이 행한 일들을 적어 놓았다. 느부갓네살이 시리아에서 팔레스틴으로 그의 군대를 이끌고 가서 예루살렘을 포위하고 점령했다는 기록이 있다.

악기를 들고 끌려가는 포로들 – 대영박물관

나보니두스

나보니두스(BC 556-539)의 어머니는 하란 달 신전의 여사제였다고 전해진다. 나보니두스는 왕이 된 뒤 3년간 통치하다가, BC 553년 아들에게 나라를 맡기고 아라비아의 오아시스 타이마(Tayma)에 가서 달 신(Sin) 숭배에 몰두하다가, 페르시아 침략을 막기 위해 BC 540년 바빌론으로 돌아가 아들 벨사살 왕과 함께 전투에 임했으나, 페르시아 왕 고레스와 메데 왕 다리오의 연합군에게 패한 뒤 나라를 잃어 버렸다(539 BC). 이사야서 51장의 예언(바빌론 멸망)이 이루어진 셈이다.

나보니두스 – 바빌론의 벨사살 왕의 아버지, 대영박물관

지계석 – 바빌론에서 토지 경계를 표시했던 돌로서 신상들이 새겨져 있다. 경계표시를 신들에게 맹세했던 것으로 보인다. 대영박물관

3. 바빌론 관련 성경

예레미야

예레미야 (BC 627-580)는 남쪽 유다에서 활동했다. 예레미야는 하박국, 다니엘, 에스겔 등과 동 시대 선지자였으며 유다가 장차 심판 받을 것을 예언했다. 특히 52장은 예루살렘의 멸망의 예언으로 예루살렘이 함락되고, 지도자들은 죽임을 당하고, 백성들은 바빌론으로 포로가 되어 끌려간다고 경고했다. 예레미야는 요시야, 여호야김, 여호야긴, 시드기야 왕 때 바빌론 포로로 가는 유다 백성들에게 하나님의 말씀을 들려서 보냈다.

예레미야 애가

예레미야 애가는 바빌론포로(BC 586년) 직후에, 예레미야가 느부갓네살 왕에 의해 침탈당하고 황폐하게 된 예루살렘을 보고 읊은 슬픔의 노래이다. 1장은 멸망당한 예루살렘의 슬픔을 노래하고, 2장은 예루살렘에 임한 여호와의 분노를 서술한다. 3장은 예레미야가 백성들이 당하는 고난을 자신의 고난처럼 생각하고, 예루살렘에 대한 하나님의 자비를 구한다. 4장은 선지자들과 제사장의 죄악을 지적하고, 5장은 이스라엘의 회복을 위한 예레미야의 간절한 마지막 기도가 표현되어 있다.

에스겔

에스겔은 바빌론 포로기간 중 선지자로 부름 받아 에스겔서를 기록했다. 바빌론에 포로로 갔던 유다인들은 그발 강(the Chebar River)가에 있는 니푸르(Nipur)라고도 불리는 텔 아빕(Tel Abib)에 살고 있었다. 에스겔은 성격이 강직한 예언자로서 우상숭배를 준엄하게 경고하다가 체포되어 순교를 당하였다고 한다. 에스겔서는 환상과 상징어를 많이 사용한 계시 문학의 대표적인 책이며, 요한계시록의 배경이 된다. 에스겔서 37장의 마른 뼈다귀에 살이 붙어 살아나는 환상은 마른 뼈다귀 같은 이스라엘이 하나님의 기운으로 다시 살아난다는 예언이다.

다니엘

다니엘서(BC 605–530)는 바빌론에서 다니엘에 의해 기록되었다.

다니엘은 왕의 음식과 그가 마시는 포도주로 자기를 더럽히지 않기로 결심했다(단 1:8). 다니엘은 느부갓네살 왕의 음식은 먼저 우상들에게 바쳐졌으며, 포도주는 이방신전에 먼저 부어진 것으로 알았다. 바빌론 사람들은 유대인들이 보기에 의식적으로 불결한 짐승들을 먹었으며, 비록 정결한 짐승이라도 모세의 법을 따라 도살되고 준비되지 않았기 때문이다. 다니엘은 고기를 먹지 아니하고 채식과 물만 마셨다(단 1:12)

다니엘은 바빌론의 총리가 되어 유다 포로들을 돌봐 주었고 장차 일어날 일(그리스, 시리아, 이집트, 로마 등)에 대해 생생하게 예언했다. 다니엘은 페르시아 왕이 그리스를 침공할 것을 예언(단11:2)했으며, 실루키드 왕조의 안티오코스가 예루살렘 성전에 더러운 우상을 세울 것도 예언했다(단11:31). 다니엘서를 읽다가 보면 이집트의 바로 보다 현명한 느부갓네살은, 술객과 점쟁이들을 부르고 자기가 어떤 꿈을 꾸었는지 알게 하고 해석하라(단 2:9)고 했다. 술객과 점쟁이들이 아무렇게나 적당하게 둘러대는 꿈 해석을 용납하지 않았다. 그 당시 갈대아 술사들이 아람어로 말한 것으로 보아 바빌론에서 아람어가 사용되었음을 알 수 있다(단 2:4). 요셉과 다니엘은 하나님의 계시로 꿈을 해석함으로 출세하여 자기 민족을 돌보는 일을 했다(창 41:40, 단 2:48).

하박국

하박국(BC 630–588)은 여호야김, 여호야긴, 시드기야 왕때 남쪽 유다에서 활동하던 선지자이다. 예루살렘의 멸망 전에 활동했고 유다인들이 그들보다 더 악한 바빌론 사람들에게 고난을 받아야 하는 이유에 대해, 하나님께 질문하고 하나님이 바빌론을 통해 유다인들의 잘못을 벌한 뒤에 바빌론도 멸망할 것을 선언하며, 의인은 믿음으로 살것이라고 했다. 하박국서 1장은 하박국의 질문, 2장은 하나님의 대답, 3장은 하박국의 기도로 되어 있다.

특히 하박국서 3장 2절에 '여호와여 주는 주의 일을 이 수년 내에 부흥케 하옵소서'라는 말은 교회 부흥회 때 사용되어야 할 구절이 아니다. 하박국서 1장에서 그의 질문과 2장에서 하나님의 대답을 들은 뒤에, 3장에서 그는 믿음으로 하나님께 기도하고 있다. 유다 민족이 바빌론에 포로로 갈지라도 '과거에 하나님이 큰 능력으로 늘 구원해 주셨던 것처럼 지금 우리 시대에 다시 큰 능력을 베풀어 주십시오'(Now do again in our times the great deeds you used to do. – NIV)라는 말이다.

하박국은 바빌론 포로로 끌려갔다가 페르시아의 고레스 왕이 포로들을 해방시킬 때, 페르시아(이란)의 하마단(악메다)에 살다가 죽어 하마단에서 남쪽으로 90km되는 투이사르간(Tuisarkan)에 묻혔다고 하며 거기에 그의 묘가 있다.

하박국의 무덤 - 투이사르간 (이란)

황폐한 바빌론 – 화려했던 바빌론이 멸망하여 황폐하게 된 모습, 베르린의 버가모박물관

신 바빌론제국의 멸망

신 바빌론제국은 1세기도 못되어 멸망(BC 625–539)했다. 느부갓네살 왕은 43년간(BC 605– 562) 통치했다. 마지막 왕 벨사살은 예루살렘에서 가져온 성전 기명으로 술을 마시다가 멸망했다(BC 539). 벨사살 왕은 나보니두스의 아들로 나보니두스와 공동 통치를 했다. 신바빌론제국의 멸망에 대해 성경에 기록된 내용 중에서 "MENE, MENE, TEKEL PERES UPHARSIN" – '메네, 메네, 데겔 우바르신'이라는 말이 있다. 그 뜻은 다니엘서에 기록되어 있다.

기록된 글자는 이것이니 곧 메네 메네 데겔 우바르신이라 그 글을 해석하건대 메네는 하나님이 이미 왕의 나라의 시대를 세어서 그것을 끝나게 하셨다 함이요 데겔은 왕을 저울에 달아 보니 부족함이 보였다 함이요 베레스는 왕의 나라가 나뉘어서 메대와 페르시아 사람에게 준 바 되었다 함이니이다 하니(단 5:25–28)

시드기야의 눈물 – 예루살렘 구도시 밑에는 시드기야 동굴과 그 안에 시드기야의 슬픈 눈물로 알려진 물이 바위틈으로 흐르고 있다.

바빌론은 황폐한 폐허가 되었다.

바빌론이 돌무더기가 되어서 승냥이의 거처와 혐오의 대상과 탄식 거리가 되고 주민이 없으리라(렘 51: 37)

유다의 19대 왕 여호야긴 때에는 바벨론의 느부갓네살 왕이 유다를 다시 침공하여 여호야긴 왕과 용감한 군인들과 유능한 기능공들을 포로로 잡아갔으며 여호야긴 왕의 삼촌 시드기야를 왕으로 세워 두었다. 에스더와 모르드개도 이때 여호야긴 왕과 함께 바벨론으로 끌려갔다. 시드기야는 21세에 왕이 되어 예루살렘에서 11년을 통치했지만, 이방 우상들을 섬기고 여호와께서 거룩하게 하신 예루살렘 성전을 더럽혔다.

선지자 예레미야의 경고에도 불구하고 시드기야 왕은 바벨론에 반기를 들었으며, 바벨론의 느부갓네살 왕은 다시 와서 18주 동안 예루살렘 성을 포위했다. 바벨론 사람들이 예루살렘 성을 포위하고 있는 데도 왕은 성안에 심한 기근 때문에 성을 탈출하여, 요단계곡으로 도망하다가 여리고 평야에서 생포되어 느부갓네살 왕에게 끌려갔다. 시드기야 왕이 보는 앞에서 그의 아들들은 죽임을 당했으며, 왕은 두 눈이 뽑힌 채 쇠사슬에 묶여 백성들과 함께 바벨론에 포로로 잡혀갔다(왕하 25장). BC 586년 남쪽 유다 나라는 멸망하고 바벨론 포로생활이 시작되었다. 이스라엘이 남북으로 갈라진 뒤에 남쪽 유다 나라는 344년간 존속했지만 결국은 멸망하고 말았다.

그러나 하나님께서는 유다 민족을 영원히 버리지 아니하시고, 바벨론이 페르시아에게 망하게 하심으로 유다인들의 70년 동안의 바벨론 포로 생활을 끝나게 하시고, 페르시아 왕 고레스의 마음을 감동시켜 다시금 예루살렘으로 돌아와 성전을 건축하여 하나님을 섬기도록 했다. 이 점이 북쪽 이스라엘의 멸망과 남쪽 유다의 멸망의 차이점이다. 하나님은 다윗에게 하신 약속을 기억하시고, 그 자손을 징벌하시되 아주 망하게는 하지 않으셨다.

10

페르시아제국 시대 이야기

1. 유다인 포로 귀환
2. 페르시아 왕들
3. 페르시아 시대의 성경

페르시아제국(BC 539-333)은 지금의 이란지방에서 출발했다. 고레스는 메대를 무찌르고(BC 550) 바빌론을 정복(BC 539)하여 유다인 포로들을 석방하여 고국으로 돌려보냈다(BC 537). 이사야서(BC 8)에는 고레스가 태어나기도 전에 유다인들을 바빌론 포로에서 해방시켜 줄 것이라고 예언했다(사 45:1-4). 페르시아제국의 전성기는 다리오 왕과 아하수에로 왕 때이다. 1차 포로귀환은 고레스 때 이루어졌으며, 2차와 3차 포로귀환은 아닥사스다 1세 때 이루어졌다. 페르시아 시대에 기록된 성경은 에스라, 느헤미야, 에스더, 학개, 스가랴, 말라기가 있다.

1. 유다인 포로 귀환

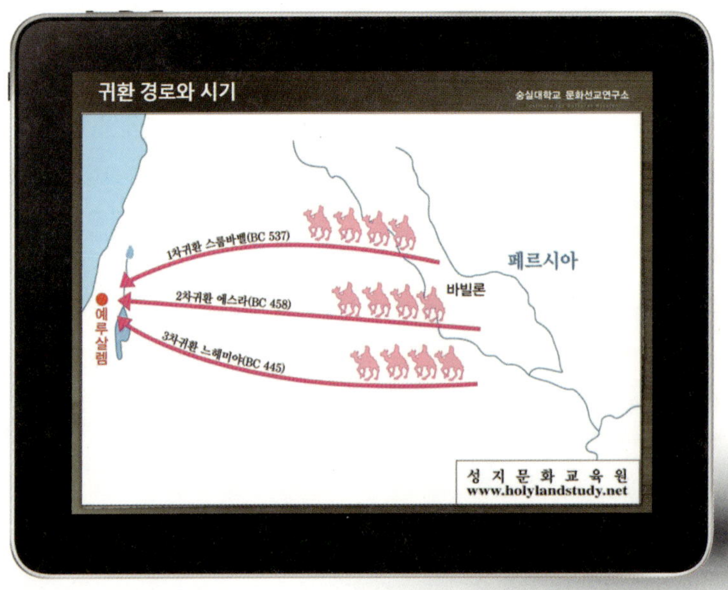

페르시아 왕 고레스의 원통에 기록된 내용에는 고레스 왕의 바빌론 정복에 대한 것이 기록되어 있다. 바빌론 왕들이 잡아 온 포로들을 그들의 고국으로 돌려보내는 일을 했다는 기록이 있다. 고레스의 정복지에 대한 인권정책(스 6:3-5)의 내용은, 유대 포로들을 예루살렘으로 돌려보내 성전을 건축하게 했다는 것을 입증하는 자료가 된다. 그래서 고레스의 원통은 인권헌장으로 알려져 있다

바빌론 포로 귀환은 3차에 걸쳐 진행되었다. 1차 귀환(BC537)은 고레스 왕 때 세스바살(스룹바벨), 예수아의 지도 하에 느부갓네살 왕이 BC 605년 처음 유다의 포로를 잡아간 지 약 70년 만의 귀환이었다. 페르시아제국의 국고 지원을 받아 성전 기명을 가지고 49,897명이 귀환하여 성전공사가 시작되었다. 2차 귀환(BC 458)은 아닥사스다 1세 때 에스라가 인솔하여 1월 1일에 바빌론을 떠나 5월 1일에 예루살렘에 도착해서 종교 개혁을 하였다. 이때 예루살렘에 도착할 때까지는 4개월이 걸렸다. 지원자는 누구나 귀환할 수 있었으며 국고의 지원을 받아 귀환했으나, 그들 가운데는 이방인의 풍습을 좇고 이방 여자들과 결혼한 사람들도 많았다. 3차 귀환(BC 445)은 아닥사스

다 1세 때 궁전에서 왕의 술을 따르던 느헤미야와 함께 귀환한 사람들이 산발랏, 도비야 등의 반대에도 불구하고 예루살렘 성벽을 재건했다.

바빌론의 포로 기간을 '70년간의 바빌론 포로'라고 이야기하는데 예레미야서(렘 25:11, 29:10)를 보면 '70년 동안 바빌론의 왕을 섬길 것이라'는 말이 있다. 유다의 바빌론 포로는 BC 605년 유다의 여호야김 왕 3년에 다니엘이 바빌론에 포로로 잡혀갔을 때(단 1:1-7)부터 BC 537년 바사(페르시아)의 고레스 왕 때 바빌론 포로에서 1차 귀환할 때까지 68년의 기간을 말한다(예레미야 25:11). 이것을 약 '70년 간 바빌론 포로'라고 말한다.

포로에서 돌아와서 했던 일을 크게 세 가지로 나누면 예루살렘 성전건축, 성벽건축, 신앙개혁이다. 처음에 세스바살의 귀환 후에는 성전을 건축했고, 에스라가 돌아왔을 때는 종교개혁 즉 신앙을 개혁했고, 느헤미야가 돌아왔을 때에는 성벽을 건축했다. 이에 관련된 성경은 이사야 56-66장, 에스라 1-10장, 에스더, 느헤미야 1-13장, 학개 1-2장, 스가랴 1-8장, 요엘, 말라기이다.

바빌론 포로에서 귀환

포로 귀환	1차 귀환	2차 귀환	3차 귀환
성경구절	에스라 1-6	에스라 7-10	느헤미야 1-13
귀환 연대	BC 537 (느부갓네살이 BC 605년 처음 유다의 포로를 잡아간 지 약 70년 만의 귀환)	BC 458 (1월 1일에 바빌론을 떠나 5월 1일에 예루살렘 도착)	BC 445
지도자	세스바살, 스룹바벨, 예수아	에스라	느헤미야
바사 왕	고레스	아닥사스다 1세	아닥사스다 1세
칙령 내용	지원자는 누구나 귀환 가능, 국고지원, 성전재건, 성전기명 돌려줌	지원자는 누구나 귀환 가능, 국고지원,	성벽재건허용
귀환자 수	49,897명 (스 2:65, 느 7장)	에스라 8장에 있음	알 수 없음
비고	성전공사 시작됨, 사마리아인의 방해로 BC 520년까지 중단, BC 516년 다리오 1세 때 완공	이방인의 풍습을 쫓고 이방여자들과 결혼 (에스라 9-10장)	산발랏등의 반대에도 성벽이 재건되고 율법이 낭독됨(BC 443)

고레스가 유다 인들을 유다 땅으로 돌려보냈지만 대부분 유다 인들은 그들의 농장과 사업처가 있는 메소포타미아 지방에 머무르기를 원했다. 제사장들과 그 가족들이 페허된 예루살렘으로 돌아왔을 뿐이며 유다 땅에 돌아온 유다 인들이 환영 받지 못했다.

그 땅에는 사마리아 인, 에돔 인, 모압 인, 암몬 인, 아랍 인들이 거주하면서 그들의 방해로 성전건축이 중단되었다(스 4:6-24). BC 520년 학개와 스가랴의 독려로 성전건축이 다시 시작되고, BC 516년 페르시아의 다리오 1세 때 성전이 완공되었다(에스라

아후라 마즈다의 상 – 이란, 야즈드에 있는 배화교 사원에서

제 2성전 건축을 방해한 암몬 사람 도비야의 이름이 새겨진 동굴 외벽 – 요르단의 암만부근

6:15). 자금의 일부는 페르시아 국고에서 조달되고 일부는 유다 인 자신들이 조달했다.

페르시아의 아닥사스다 왕 때 느헤미야가 예루살렘에 와서 무너진 성벽을 건축할 때도 반대가 심했다. 느헤미야는 산발랏과 도비야와 아라비아 사람 게셈과 원수들이 성벽건설을 반대한다고 했다(느6:1).

요르단의 암만 부근에는 예루살렘 성벽건설을 반대했던 암몬 사람 도비야(느 4:3)가 살던 동굴 외벽에 아람어로 새겨진 도비야의 이름이 아직도 선명하게 보인다.

하나님은 놀라우신 하나님이다. 페르시아의 황제들은 조르아스트교를 신봉했다. 아후라마즈다가 조로아스터교의 신인데 그 옛날 이집트에서 하나님을 믿지 않는 바로의 마음을 움직여서 출애굽을 시켰듯이, 이방 왕들을 통해서도 하나님의 일을 하셨다. 하나님은 이교도 고레스를 통해서도 바빌론에 유배 중이었던 유다 포로들을 예루살렘으로 돌려보내 성전을 건축하게 하셨다.

2. 페르시아 왕들

메데 왕 다리오(BC 539–538)는 메데 인으로 바빌론의 벨사살을 죽이고 왕이 되었으며, 다니엘을 사자굴에 던진 왕이다(단5:31). 고레스(BC 538–529)는 바빌론을 정복하기 전에도 페르시아의 왕이었으나 다리오가 죽은 후에 새롭게 왕으로 등장한다. 이때가 고레스 왕 제1년이다(스 1:1). 예루살렘에 1차 귀환한 여호수아와 스룹바벨이 진행하던 성전공사를 방해하던 그 땅의 이방인들이 고소하는 편지를 아하수에로 왕(BC 529–521, 에스더서에 나오는 아하수에로가 아님)에게 보냈고(스4:6), 이어서 왕이 된 아닥사스다 왕(BC 521)은 예루살렘 성벽 재건에 반대한 사람들의 요구로 명령을 내려 공사를 중단시

악메다 – 고레스 왕의 조서를 발견한 메데도 악메다 궁전의 발굴현장, 이란의 하마단

켰다(스4:7-24).

다리오 왕(BC 521-485)이 즉위한 뒤에 그는 예루살렘 성전공사를 명령한 고레스 왕의 조서를 메데도 악메다 궁에서 발견하고서 성전공사를 완성하도록 명령했다. 이 왕을 다리오 1세 또는 다리오 대왕이라고 한다. 다리오 왕의 아들 아하수에로(BC 485-464)는 에스더를 왕비로 맞았다. 아닥사스다 1세(BC 464-428)는 에스라와 느헤미야를 예루살렘으로 귀환시켰던 왕이다(스 7장).

메데와 페르시아 왕들 (붉은 글자는 성경에 나오는 왕들)

메데 왕	비 고
다리오 (BC 539-538) - 메데 왕	메데인으로 벨사살을 죽이고 왕이 됨(단 5:31). 다니엘을 사자굴에 던졌던 왕
페르시아 왕	**비 고**
고레스 (Cyrus, BC 538-530)	바빌론을 정복하기 전 BC 559년에 페르시아의 왕이 되었으나 메데 왕 다리오가 죽은 후 BC 538년에 새롭게 왕으로 등장한다. 이때를 페르시아 왕 고레스 제 1년이라고 한다(스 1:1). 세스바살(스룹바벨)의 귀환(성전건축을 시작하고 지원함)
캄비세스 2세 (Xerxes, 아하수에로, BC 529-521)	예루살렘 주변 사람들로부터 성전건축중단을 위한 편지 받음(스 4:6), 이집트 침공
아닥사스다 (Artaxerxes, BC 521)	예루살렘 성전건축을 중단시킴 (스 4:7-24), 7개월간의 마고스(메데 사제)의 반란정권
다리오 1세 (BC 521-485)	BC 516년 예루살렘 성전을 완공시킴 (스 6:15), BC 490년 마라톤전투에서 패배
크세르크세스 (아하수에로, BC 485-464)	에스더의 남편 아하수에로 BC 480년 살라미스 해전에서 패배, BC 464년 궁정 쿠데타로 죽음
아닥사스다 1세 (Artaxerxes, BC 464-423)	왕후 와스디의 아들, 그리스 장군 데미스토클레스의 망명 허용, 그리스 군대를 이집트에서 몰아냄, 율법학자 에스라의 귀환(스 7:1-27)과 느헤미야의 예루살렘 귀환을 지원함(느헤미야 2:1-20)
다리오 2세 (BC 423-404)	펠로폰네소스 전쟁 시기
아닥사스다 2세 (BC 404-359)	소크라테스와 그리스 철학자 시대
아닥사스다 3세 (BC 359-338)	겔 8:14
아르세스 (BC 338-335)	
다리오 3세 (BC 335-331)	BC 330년 알렉산더 대왕에게 망함

고레스 (Cyrus, BC 559~530)

고레스(Cyrus) 는 아카메니드(Achaemenid) 왕조의 창설자로 초대 페르시아의 왕이다. 그는 메데를 점령하고 소아시아의 리디아 왕국의 수도 사데를 점령한 다음, 바빌론까지 점령하여 페르시아를 세계 최강국으로 만들었다. BC 587년 바빌론에 있던 유대인 포로들을 석방하여 예루살렘에 돌아가 성전을 건축하게 함으로, 유대인들에게 자유를 준 구원자로서 성경에 그의 이름이 자주 나온다. 기원전 8세기 선지자 이사야는 고레스 왕이 태어나기 약 200년 전에, 앞으로 고레스가 태어나서 유대인들을 바빌론의 포로에서 예루살렘에 돌려보내어 하나님의 성전을 건축하게 할 것이라고 예언했다(사 44:28).

고레스 왕이 흙을 구워 쇄기문자(큐네이폼, Cuneiform)로 기록한 원통(Clay Cylinder)은 인류 역사상 최초의 인권헌장으로 1879년에 발견하여, 영국 대영박물관에 지금 보관 중이다. 22.86cm 길이에 11cm 넓이의 크기이며 40줄의 글이 있다.

.... 나는 세계의 왕 고레스이다. 내가 바빌론에 입성했을 때, 나는 아무도 그 땅을 유린하지 못하게 했다. 나는 삶의 질을 증진시키기 위해서 바빌론과 신전에 필요한 것을 살피고 불행을 멈추게 했다. ....

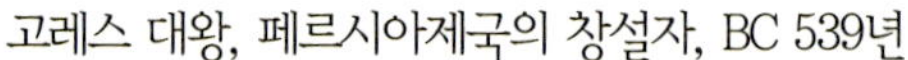
고레스 대왕, 페르시아제국의 창설자, BC 539년

고레스의 원통 - 대영박물관

고레스의 왕궁 터 – 이란의 파살가데

고레스(Cyrus, BC 580–529)는 이웃 국가를 정복했을 때, 정복자로 군림하지 않고 해방자로 자처했다. 정복하는 나라마다 그 나라의 종교와 풍습과 인권을 존중했다. 신 바빌론제국의 창설자 느부갓네살의 아버지 나보폴라살도 진흙 원통을 만들고 주로 자기의 자랑을 적어 놓고 있지만, 고레스 왕의 원통은 세계 최초로 정복자가 피정복자의 인권문제를 다루고 있다는 데에 상당한 의의가 있다.

고레스는 메데를 무찌르고 파사르가데에 페르시아의 첫 번째 수도를 만들었다. 파사르가데 앞으로 시반(Siban)강이 흘렀으며 고레스는 이 강물을 끌어들여 아름다

사데에서 만들어진 세계 최초의 금.은 주화 – 대영박물관

고레스의 무덤 – 이란의 파살가데

운 정원을 만들었다. 영어의 'Paradise'는 'Pasargadae'에서 나온 말이라고 한다.

이사야 45:3에 하나님께서 은밀한 보화를 고레스 왕에게 주겠다는 것은 사데의 금을 가리킨 것으로 보인다. 고레스는 BC 546년 사데를 멸망시키고 금을 차지했다. 사데에는 금이 생산되었기 때문에 세계 최초로 금화를 만들어 사용했다.

알렉산더 장군의 군사 중의 한 사람인 아리스토부루스(Aristobulus)가 고레스 왕의 무덤을 방문하고 전한 이야기를, BC 1세기 그리스 지리학자 스트라보(Strabo)가 다음과 같이 글로 남겼다. 아리스토부루스가 전하기를 "….. 그들은 무덤에서 금으로 된 의자와 테이블과 관을 보았으며 테이블에는 컵들이 놓여 있었다." 또한 새겨진 글이 있었는데, 그의 기억에 의하면 다음과 같이 전해지고 있다.

나는 페르시아제국을 건설한 아시아의 왕 고레스이다. 아무도 내 무덤을 헤치지 말아 달라. (Oh man, I am Cyrus, who founded the empire of the Persians and was king of Asia. Grudge me not therefore this monument.)

그리스 역사가 프루타크(Plutarch)는 AD 1세기에 알렉산더 대왕의 전기를 기록하면서 다음과 같은 기록을 남겼다. 알렉산더 대왕은 고레스의 남긴 말을 존중하여 그 옆에 그리스어를 새겨놓도록 명령했다고 한다. 그는 한 걸음 더 나아가 고레스의 남긴 말을 더욱 감상적으로 전했다. "당신이 누구이며 어디에서 왔을지라도 나는 당신이 찾아 올 것을 알고 있다. 나는 페르시아제국을 창설한 고레스이다. 나의 무덤을 파헤치지 말아 달라" 했다고 전했다. 고레스는 권력이 영원하지 않다는 것과, 자기가 죽은 뒤에 언젠가는 자기 나라를 다른 사람이 지배하게 될 것을 예견했던 것이다.

다리오 왕 – 다리오 왕이 손에 왕의 홀을 쥐고 발판위에 발을 올리고 보좌에 앉아있다. 테헤란 박물관

다리오 1세 (BC 521-485)

다리오 왕이 예루살렘 성전 건축을 명령한 고레스 왕의 조서를 악메다(Ecbatana)궁의 문서 창고에서 발견했다(스 6:2). 바빌론 포로에서 돌아 온 사람들이 재건하기 시작했던 예루살렘 성전이 다리오 왕 때에 완공되었다(BC 516년).

다리오 왕 때 페르시아제국 안에서 5개의 중요한 도시는 파사르가데, 수산(수사), 악메다(지금의 하마단), 페르세폴리스, 바빌론이다.

다리오 1세가 즉위할 때는 인근에서 반란세력들이 많았다. 모든 반란세력을 평정한 다리오 1세는 사데와 에베소까지 왕의 길을 닦았으며, 수산(Shushan, Susa)과 페르세폴리스(Persepolis)를 건설했다. 페르세폴리스는 신년 세배를 받는 곳으로 다리오 1세와 그의 아들 아하수에로 왕(크세르 크세스)에 걸쳐 30년간 건설되었고, 이 왕궁은 그 후로도 150여 년간 계속 건설되었다고 한다.

해마다 새해가 되면 페르시아가 지배하던 127 지방의 왕들이 왕중의 왕 페르시아 왕에게 각 지방의 특산물을 들고 세배하기 위해 페르세폴리스로 모여 들었다. 갑바도기아는 말을, 바빌론은 털 목도리를, 알메니아는 꽃병을, 리디아는 팔찌나 그릇

페르세폴리스 - 페르시아 황제에게 신년 세배 선물로 갑바도기아 사람은 말을, 바빌론 사람들은 털목도리를 선물로 가져가고 있다. 페르세폴리스 접견실 부조

마라톤 – 마라톤 평원은 아테네에서 38km가량 떨어진 곳에 있으며, 그리스 연합군이 페르시아 다리오 왕의 군대를 무찌른 곳이다. 마라톤이 유래된 장소이다.

을, 엘람, 메데, 스키티안, 인디안, 이집트, 누비아, 리비아 등 모두 23곳에서 사람들이 지역 특산물을 들고 페르세폴리스의 접견실(아파다나)로 모였다.

다리오 왕 때는 세 개의 왕궁을 주로 사용했다. 겨울에는 날씨가 따뜻한 남쪽에 있는 수산(수사) 궁에서, 여름에는 북쪽이면서 지대가 높고 서늘한 악메다(하마단, 스 6:2) 궁에서 다스렸다. 페르세폴리스는 때로는 여름궁전으로도 사용했지만 주로 노루즈라는 신년 행사용 궁전으로 사용했다고 한다. 바빌론에도 궁이 있어서 왕이 바빌론 지역을 행차할 때 사용했으며, 파사르가데의 궁은 대관식을 위해 사용했으며 아카메니드 왕조를 창설한 고레스 왕의 후예임을 만천하에 공포했다. 다리오 왕과 그의 아들 아하수에로 왕 때는 페르시아(바사)의 최 전성기였으며, 그들은 왕들 중의 왕, 세계의 왕으로 불리어졌다.

후일 페르세폴리스는 알렉산더 대왕이 파괴했으며, 수산은 더 오랫동안 존속하다가 몽골군에 의해 파괴되었다.

페르시아 궁정 수비대
– 베를린의 버가모 박물관

석비문 – 다리오 왕과 아하수에로 왕의 석비문, 이란의 엑바타나(악메다)

페르시아 왕의 길

페르시아 왕의 길(King's road)은 페르시아의 수도 수사(Susa)에서 소아시아의 사데까지 이어지는 길이다. 다리오 1세가 이 길을 닦고 군사를 이동해서 그리스 원정에 나섰지만 마라톤 전쟁에서 패하고 말았다(BC 490년). 마라톤 평원은 아테네에서 38km 가량 떨어진 곳에 있다. 다리오 1세가 마라톤 전쟁에서 패배하자 그 아들 크세르크세스 1세가 10년 뒤에 이 길을 따라 그리스 정복에 나섰지만 아테네 앞에 있는 바다 살라미스(Salamis) 해전에서 패하고 말았다(BC 480년).

아하수에로(Ahasuerus, Xerxes I)

아하수에로(BC 486-465) 왕을 크세르크세스라고 한다. 수산 궁에서 왕이 되었고 인도에서 에티오피아까지 127도를 다스렸으며, 다리오 왕과 아하수에로 왕 때가 페르시아제국의 최고 전성기였다. 마라톤 전쟁(BC 490)에서 패한 부친 다리오에 이어 아테네를 침공했으나 살라미스 해전(Salamis)에서 패했다. 그리스 역사가 헤로도토스(BC484

날개 달린 스핑크스 페르세폴리스의 다리오 왕의 궁전에서 발견 – 대영박물관 소장

크세르크세스(아하수에로)의 왕권교체 기록 – 쐐기 문자로 기록된 다리오 왕의 아들 아하수에로가 왕권을 물려받은 것에 대한 기록, 페르세폴리스에서 발견, 테헤란박물관

– 425) 는 페르시아와 그리스 간의 전쟁 (마라톤 전쟁, 살라미스전쟁)을 상세하게 서술하고 있다. 알렉산더는 가정교사 아리스토텔레스로부터 헤로도토스의 역사를 공부하던 중, 고레스 같은 정치가가 되기를 원해서 동방원정을 하고, BC 330년 페르시아의 수도 페르세폴리스를 함락시켰다.

아하수에로 왕 (크세르크세스 1세)의 왕권교체 기록이 페르세폴리스에서 발견되었다. 쐐기 문자로 기록된 다리오 왕의 아들 아하수에로가 왕권을 물려받은 것에 대한 기록이다. 쐐기문자에 대한 영어 번역은 다음과 같다.

1–8줄: 아후라마즈다(Ahuramazda)는 땅과 하늘과 사람과 행복과 많은 왕들 중의 왕이시며, 사령관들 중에 사령관이신 아하수에로를 창조한 하나님이다.

8–15줄: 나는 많은 인종들이 있는 나라의 왕, 왕들 중의 위대한 왕이다.

15–27줄: 왕 아하수에로가 말하노니 나의 아버지는 다리오(Darius)이며, 다리오의 아버지는 히스타스페스(Hystaspes)이며, 히스타스페스의 아버지는 알사메스(Arsames)이며...

청동 뱀 기둥 (Serpent Column)

그리스 연합군이 BC 479년 프라테아(Plataea)전쟁에서 페르시아를 이기고, 페르시아 인들의 방패를 녹여서 청동으로 뱀 기둥을 만들어 그리스 델피의 아폴론 신전 앞에 세워 두었다. 뱀 세 마리의 머리 위에 트로피가 얹혀 있고 연합전투에 참여한 31개 그리스 도시국가들의 이름이 바탕에 기록되었다. 패전한 페르시아 군대의 장군은 마르도니우스(Mardonius)였으며, 페르시아 왕은 에스더의 남편 아하수에로 왕(다리오 1세의 아들, 크세르크세스 1세, BC 485–BC 464)이었다.

콘스탄티누스 대제가 그리스 델피(Delphi)의 아폴로(Apollo) 신전에 있던 것을 콘스탄티노플의 히포드롬(마차 경주장)에 갖다 놓았다. 원래는 세 마리의 뱀 머리 위에 직경 2m의 금으로 된 큰 트로피가 있었으나, 콘스탄티노플로 가져오기 전에 트로피는 잃어버렸으며 뱀의 머리는 오스만 시대 돌에 맞아 부서졌다. 뱀의 머리 중에 하나는 이스탄불 박물관에 있으며 다른 것은 대영박물관에 있다.

3. 페르시아 시대의 성경

에스라

학자이며 제사장인 에스라는 페르시아 왕(아닥사스다1세)의 허락을 받고 예루살렘을 방문하여 백성들에게 모세 오경을 낭독하여 하나님의 말씀으로 백성들의 마음을 깨우쳤다(BC 397). 에스라는 백성들로 하여금 믿음을 순수하게 지킬 것과, 이방인과의 혼인을 금지시켰을 뿐만 아니라 이방인 아내로부터 이혼할 것을 구했다.

선지자 요엘(BC 400)도 제사장들의 생활개혁과 더 나은 삶을 강조했다. 말라기 선지자는 이방 민족들이 하나님을 높이고 섬길 것을 예언(말 1:11)하면서, 앞으로 메시아의 길을 준비할 사자가 먼저 오고 그 후에 메시아가 오실 것을 예언했다(말 3:1). 또한 하나님을 두려워하고 고아와 과부와 외국인을 억압하지 말라고 했다(말 3:5).

느헤미야

페르시아의 왕들이 마시던 금 술잔

에스라(BC 458-440)와 동시대 사람인 느헤미야(BC 445-430)는 세 번째 포로 귀환을 주도한다. 에스라는 백성들의 영적 부흥을 주도하는 지도자이었고 느헤미야는 경제적이고 정치적인 면에서 재건을 주도하고 도덕적인 면에서 개혁을 주도하는 총독이었다.

페르시아에서 아닥사스다 왕에게 술을 따르는 관직을 하고 있었던 느헤미야(느 2:1)는 페르시아 왕의 허가를 받고 예루살렘으로 돌아와 성벽 건축을 마쳤다(BC 445-443). 성벽을 건축하는 과정에서 외부의 반대와 내부의 중상모략 등 수많은 어려움이 있었으나, 그럼에도 불구하고 그의 지도력은 뛰어나 불과 52일 만에 그 역사를 완성하였다.

에스더

에스더는 바빌론의 느부갓네살 왕이 유다를 침공하여 여호야긴 왕과 용감한 군인들과 유능한 기능공들을 포로로 잡아갈 때 다니엘, 에스겔, 모르드개와 함께 바빌론으로 끌려갔다. 에스더는 어렸을 때 조실 부모하고 4촌 오빠인 모르드개의 양육을 받아오던 중, 페르시아의 크세르크세스 왕의 왕후 와스디가 퇴출 당한 뒤 전국에서 모여온 수많은 아리따운 처녀 중에 내시 헤개의 추천으로 크세르크세스(아하수에로) 왕에게 간택되어 왕후가 되었다(에 1:19, 2:7-9, 16-18). 크세르크세스 황제의 국무총리 하만이 유다 인을 전멸시키려는 음모가 있었을 때(에스더 3장), 모르드개는 왕후 에스더를 통해 황제의 도움을 구했으며, 왕후 에스더는 목숨을 걸고 황궁 안뜰로 나아가서 황제의 도움으로 자기민족을 구했다. 이를 기념해서 유다 사람들은 모르드개의 지시에 따라 해마다 12월 14일과 15일을 경축일(부림절)로 지키면서, 원수들의 손에서 구출된 것을 기뻐하고 잔치를 베풀며 가난한 자를 구제했다. 모르드개는 하만 대신에 아하수에로(크세르크세스) 황제의 국무총리가 되었다. 에스더서는 예루살렘으로 귀환하지 않고 페르시아에 남아 있는 유다 인들을 위해서 BC 485년-435년 사이에 기록되었다. 에스더서의 저자는 모르드개라는 추측이 있으나 확실하지는 않다

학개

학개는(BC 520-480)는 페르시아시대 남쪽 유다에서 활동하던 선지자이다. 예언자 학개의 메시지는 처음부터 끝까지 예루살렘 성전을 재건하도록 백성들에게 외치는 것이었다. 그는 이 목적을 위하여 책망도 하고(학 1:1-11), 격려도 하고(학 2:1-9), 권고도 했다(학2:10). 학개서에는 구약의 다른 책에서 볼 수 있는 윤리 도덕적인 교훈이 없는 것이 한 가지 비판의 대상이 되고 있으나, 그것은 학개가 살고 있던 당시의 국민들이 경제적으로 어려운 상황 아래서 성전 건축이 지연되고 있어서, 그것을 우선적으로 하도록 독려하는데 열중하였기 때문이다.

스가랴

스가랴(BC 520-480)는 페르시아시대 남쪽 유다에서 활동하던 선지자로, 학개와 페르시아의 총독 스룹바벨과 함께 예루살렘 성전을 재건한 예언자이다. 스가랴의 전반부는 스가랴에게 임한 예언과 환상을 기록했고 예루살렘 성전을 건축하는데 정력을 쏟았다. 후반부는 이스라엘 인접국들에 대한 심판과 앞으로 강림할 시온의 메시아에 관한 예언을 기록하고 있다. 스가랴는 선조들의 전례를 따르지 말고 하나님께 순종하여 중단되고 있었던 성전 건축을 다시 시작할 것을 촉구했다.

말라기

말라기는 BC 440-430년에 활동하던 선지자이다. 유다 인들이 바빌론 포로에서 돌아와서 성전을 건축하고 선지자들이 예언한 메시아 왕국을 기대했지만 이루어지지 않고, 종교지도자들은 위선에 빠지고 백성들은 성의 없는 제물(말 1:13)을 하나님께 가져왔으며 십일조도 바치지 않았다(말 3:8). 이러한 때 말라기 선지자는 장차 임할 하나님의 심판과 구원의 길을 예언하고 있다(말 4:5-6, 3:1). 말라기가 예언한 엘리야는 세례자 요한(마 17:12-13)이고, 구원자(메시아)는 예수 그리스도였지만 유대인들은 이를 알지 못하고 예수 그리스도를 받아들이지 않았다. 70년간의 바빌론 포로에서 메시아의 소망을 안고 돌아 왔지만, 유대인들은 메시아로 오신 예수 그리스도를 알지 못하고, 2,000년 동안 영적인 포로 생활을 계속하고 있다.

포로귀환과 유대주의(Judaism)의 발전

이스라엘 종교는 아브라함과 그 이상의 아담을 기원으로 생각할 수 있지만, 바빌론 포로 당시 다니엘서와 에스겔서 시대를 기점으로 한 단계가 지나가고, 페르시아 시대에 바빌론에 포로갔던 유대인들이 예루살렘으로 돌아와서, 성전을 건축하고 성벽을 재건했던 에스라와 느헤미야서에 나오는 시기를 기점으로 유대교가 새롭게 시작되었다.

이스라엘 땅에 남아 있었던 백성들은 대부분 무식한 하층계급들로서 종교적 전통을 제대로 이어가지 못했다. 에스라, 느헤미야 등 바빌론 포로에서 돌아온 지식인들을 중심으로 예루살렘 성전과 성벽을 건축하고 유대주의(Judaism)를 발전시켰다. 후일 이들의 후예들을 중심으로 산헤드린 의회가 구성되었다.

다윗의 자손으로서의 왕

다윗의 자손으로서의 왕은 바빌론 포로에서 막을 내렸다(렘 22:30). 마카비시대의 하스몬 왕들과 로마시대의 헤롯 등 유다 왕들이 있기는 했지만 그들은 다윗의 자손이 아니었다. 이제 진정한 다윗의 자손으로서의 유대인의 왕은 예수 그리스도를 통해 영원히 이어지게 되었다(렘 23:5). 하나님은 메시아의 약속을 포로 생활 중에 있는 유다인들에게 주셨다(메시아를 기다리는 대강절 찬송가 중에 '곧 오소서 임마누엘.... 포로생활 고달파 메시아 기다립니다'라는 찬송이 있다).

마태복음 기자의 족보 이야기(마 1:17)를 보면 아브라함부터 다윗까지 14대, 다윗부터 바빌론 포로까지 14대, 바빌론 포로부터 그리스도까지 14대로 하나님의 선택과 메시아의 역사를 구분하고 있다.

추앙을 받는 다리오 왕 – 왕좌에 앉아 있는 다리오 왕을 페르시아제국의 127지방을 대표하는 사람들이 떠 바치고 있다. 페르세폴리스의 100개의 기둥을 가진 방의 복도에 있는 돌로 된 부조이다. – 대영박물관 소장

포로 귀환

출애굽의 경험은 하나님의 강한 능력으로, 이집트의 신들과 이집트에 재앙을 내리시고, 거기서 노예 생활하던 이스라엘 백성들을 출애굽시켜 자유인으로 하나님을 섬기게 하신 사건이다. 바빌론 포로에서의 귀환은 유다 인들이 하나님의 강한 능력으로 바빌론 포로에서 귀환함으로 또 한 번의 출애굽을 경험한 셈이다.

여호와의 말씀이니라 그러나 보라 날이 이르리니 다시는 이스라엘 자손을 애굽 땅에서 인도하여 내신 여호와께서 살아 계심을 두고 맹세하지 아니하고 이스라엘 자손을 북방 땅과 그 쫓겨 났던 모든 나라에서 인도하여 내신 여호와께서 살아 계심을 두고 맹세하리라 내가 그들을 그들의 조상들에게 준 그들의 땅으로 인도하여 들이리라(렘 16:14-15)

새 언약

이제 여기서 기억해야 할 중요한 한 가지가 있다. 그것은 새 언약에 대한 것이다. 새 언약은 마음에 기록(렘31:31-34)하는 것이다. 새 언약은 출애굽 할 때 맺은 옛 언약과 같지 아니하다(렘 31:32). 출애굽 때는 '옛 언약' 즉, '돌에 새겨진 율법'을 가지고 가나안 땅으로 갔지만 바빌론 포로 귀환 때는 '새 언약' 즉, '마음에 새겨진 메시아에 대한 언약'을 가지고 가나안 땅으로 갔다. 이것이 큰 차이라고 볼 수 있다. 언약궤를 다시는 만들지 아니할 것이다(렘 3:16). 이것은 언약이 마음에 새겨지기 때문에 언약궤가 필요 없게 되었다.

11

그리스제국 시대 이야기

1. 알렉산더 대왕의 등장과 죽음
2. 알렉산더가 죽은 뒤 그리스제국
3. 마카비 왕조

성서의 역사와 관련해서 그리스 시대(BC 332-BC 160)를 구분하는 기준은 BC 332년에 알렉산더 대왕이 예루살렘을 점령했던 시점이다. BC 332년 부터 로마가 등장하는 BC 63년까지를 이스라엘 역사에서 그리스제국 시대라고 할 수 있다.

1. 알렉산더 대왕의 등장과 죽음

알렉산더 – 고대 그리스 마케도니아의 수도 데살로니가에 있는 알렉산더 대왕의 동상

알렉산더(BC 356~323)는 20세에 그리스의 북쪽지방 마케도니아의 왕이 된다. 그리스를 통일하고 동쪽으로 진출해서 소아시아, 페니키아, 팔레스타인, 이집트, 바빌론, 수산 성, 페르세폴리스, 인더스 강까지 차례로 정복했으나, BC 323년 33세의 젊은 나이로 생을 마감했다. 요세푸스는 예루살렘으로 진군 때(BC 332) 대제사장 야두아(Jaddua)가 알렉산더의 정복에 대한 하나님의 예언을 보여 주면서 맞이했다고 한다.

다니엘서는 BC 605–530년 사이에 바벨론에서 다니엘에 의해 기록되었는데, 장차 일어날 일에 대해 생생하게 예언했다. 다니엘은 페르시아 왕이 그리스를 침공할 것을 예언했으며(단11:2), 장차 알렉산더 대왕이 세울 제국에 대해서도 예언했다(단8:21). 알렉산더 이후 그의 부하들이 차지할 네 나라에 대해서도 예언했으며(단8:22), 실루키드 왕조의 안티오코스가 예루살렘 성전에 더러운 우상을 세울 것도 예언했다(단11:31).

알렉산더 대왕의 석관 – 알렉산더 대왕의 석관으로 페르시아 군인들을 무찌르는 장면이 새겨져 있다. 이스탄불 박물관

또 네 나라 이후에 일어날 로마제국에 대해서도 예언했다(단8:23). 다니엘서는 히브리어로 기록 되었지만 다니엘 2:4-7:28은 당시 국제 언어인 아람어로 기록되었다.

이수스 전투 (BC 333년)

알렉산더 대왕이 제국을 만드는데 결정적인 전투가 소아시아의 길리기아 지방에서 있었던 이수스 전투이다(BC 333). 페르시아 왕 다리오 3세가 그리스의 알렉산더 대왕에게 결정적으로 패배를 한 곳이다. 이것이 계기가 되어 페르시아는 침몰 단계에 들어가고 그리스 제국은 알렉산더 대왕의 전투력으로 확장되어 나갔다.

역사가 아리안(Arrian)은 이수스 전투에 대해 언급하기를 페르시아 군대 60만 명 정도가 북쪽 강 언덕에 진을 쳤고, 마게도냐 군대 3만 오천 명 정도가 남쪽에 진을 치고 격돌하여 알렉산더가 대승했으며, 다리오 3세는 가족들까지 버리고 도망을 쳤다고 했다. 알렉산더 대왕이 다리오 왕의 막사에 들어갔을 때, 다리오 왕의 어머니, 아내, 두 딸, 어린 아들까지 함께 울고 있었고 막사 안에는 다리오 왕이 버리고 간 3천 달란트(talents)도 발견되었다고 했다.

이수스 – 소아시아 이수스 전투의 장소, 그리스의 알렉산더 대왕이 페르시아의 다리오 왕을 무찌른 곳, 터키의 길리기아 지방의 이수스

신구약 중간시대 (헬라제국과 로마제국 초기)

구약 시대가 끝나고 신약 시대가 시작되기 전에 그 사이에 하나님의 계시의 말씀이 일시 중단되었던 중간 시대가 있었다. 이 시기는 헬라제국과 로마제국 초기에 해당되며 하나님의 말씀도 예언자들의 활동도 없었던 기간이다.

BC 332년에 알렉산더 대왕이 예루살렘을 자신의 제국에 편입시키고 페르시아의 수도 페르세폴리스를 함락(BC 330)했다. 페르세폴리스를 함락한 그리스 군대는 페르세폴리스에 있는 아하수에로 왕궁에서부터 불을 질러 그 화려했던 왕궁전체를 불태워 버리고 말았다.

불타다 남은 것
알렉산더 대왕이 페르세폴리스를 점령하고 불을 지른 뒤에 타다가 남은 것, – 페르세 폴리스 박물관

알렉산더 대왕의 부하들이 불을 지른 아하수에로 왕의 궁전 터 - 페르세폴리스

다소의 폭포 - 바울의 고향 다소에 있는 폭포로 알렉산더 대왕이 이곳에 뛰어들어 감기와 폐렴이 걸렸다는 일화가 있다.

2. 알렉산더가 죽은 뒤 그리스제국

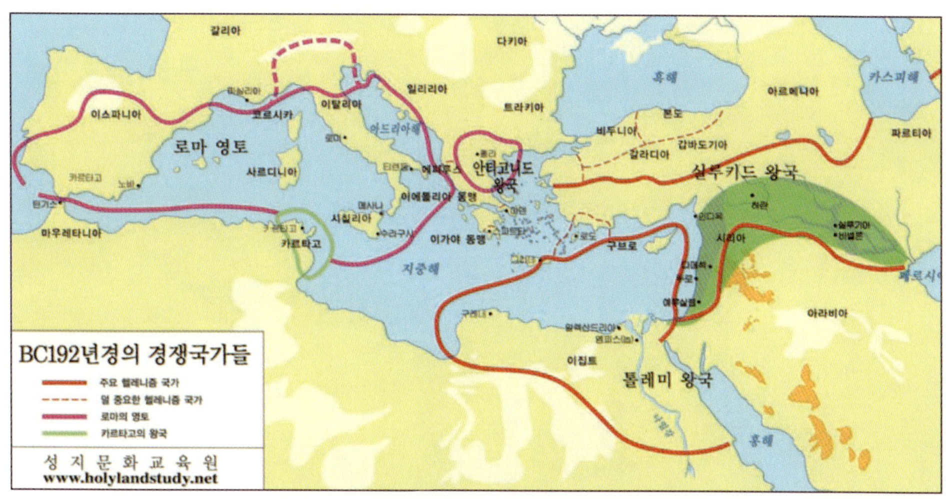

BC 323년 알렉산더가 죽은 뒤 그리스제국은 후계자 전쟁이 일어나 가장 강력했던 안티고누스 1세(Antigonus)가 제국을 통일하려고 했다. 그러나 네 명의 장군(카산드로스, 리시마쿠스, 셀루코스, 톨레미)이 연합하여 안티고누스와 전쟁하여 그를 죽였다(BC 301년 입소스 전투에서). 그 후 그리스제국(BC 192)은 알렉산더의 부하장군들에 의해 넷으로 분할되고 그의 자녀들에게는 아무것도 돌아가지 못했다. 다니엘서의 예언이 그대로 이루어졌다.

그의 나라가 갈라져 천하 사방에 나누일 것이나 그의 자손에게로 돌아가지도 아니할 것이요(단 11:4)

털이 많은 숫염소는 곧 헬라 왕이요 두 눈 사이에 있는 큰 뿔은 곧 그 첫째 왕이요(단 8:21)

이 뿔이 꺾이고 그 대신에 네 뿔이 났은즉 그 나라 가운데서 네 나라가 일어나되 그 권세만 못하리라(단 8:22)

여기에서 큰 뿔 곧 첫째왕은 알렉산더 대왕이고 네 나라는 알렉산더가 죽은 뒤에 나누어지는 네 나라를 가리킨다. 네 명의 장군 카산드로스(Kassandros)는 마케도니아와 그리스본토를 차지했고, 셀루코스(Seleucos)는 시리아와 동쪽 지역을 차지했다. 리시마

파로스 섬의 등대모형 - 톨레미 왕조 시대에 세워진 파로스 섬의 등대 모형 - 알렉산드리아 도서관

알렉산드리아 도서관 – 알렉산드리아의 현재 도서관으로 톨레미 왕조시대에 세계에서 가장 유명했던 고대 도서관 자리에 지어졌다고 한다.

쿠스(Lysimachus)는 소아시아와 트라키아와 그 북쪽을 차지했고, 톨레미(Ptolemy)는 팔레스타인과 이집트를 차지했다.

알렉산더 대왕의 동방 원정으로 지중해 세계의 언어가 그리스어로 통일되면서 신약성경이 그리스어(헬라어)로 기록되었다. 지중해 세계의 언어가 그리스어로 통일된 것은 기독교 복음전파를 위해 언어가 준비된 셈이다. 톨레미 왕조시대에 이집트의 알렉산드리아의 파로스 섬에서, 구약성경을 히브리어에서 그리스어로 번역한 70인 번역(Septuagint)이 나와서 예수님 당시에 사용되었고, 신약성경이 당시 국제 언어가 된 그리스어(헬라어)로 기록되는 계기를 마련했다. 이렇게 볼 때 역사는 전능하신 하나님의 섭리 속에서 이루어진다는 것을 알 수 있다. 이집트의 톨레미 왕조는 학문진흥에 힘을 쓰고 고대 세계에서 가장 규모가 크고 유명한 도서관을 알렉산드리아에 지어 많은 장서를 보관했다.

알렉산드리아 고대 도서관의 파피루스 – 이집트의 알렉산드리아 도서관

3. 마카비 왕조

마카비 전쟁과 수전절 (Hanukkah)

주전 2세기에 이루어질 일에 대해 주전 6세기 선지자 다니엘이 미리 예언했다. 시리아의 실루키드 왕조의 안티오쿠스 에피파네스 4세(Antiochus Epiphanes)는 유다 인들을 종교적으로 헬라화시켜야 자기의 입지가 강화된다고 생각하고, 예루살렘 성전에서 유다 인들이 매일 드리는 제사를 폐지시키고, 유다 인들이 가증하게 여기는 제우스 신상을 세웠다(단12:11).

BC 167년 예루살렘 성전에 제우스 신상을 세워 돼지를 잡아 제사를 지냈고, 모든 유다 인들에게 그리스 신을 숭배하도록 명령했다. 나이 많은 제사장 마타디아스

하스몬 궁 – 마카비 시대의 하스몬 왕궁 모델, 이스라엘 박물관

Antiochus IV (175 BC) – 이스라엘 박물관

(Mattathias)는 시리아 관리를 죽이고 다섯 아들과 함께 도망쳤다. 그의 아들 유다 마카비(Judas Maccabee)가 지도자가 되어 안티오쿠스의 군대를 예루살렘에서 몰아내고, BC 164년 12월 25일 예루살렘 성전을 청결케 했으며 이를 기념하는 것이 하누카(Hanukkah), 즉 수전절이다.

예수님 당시에도 수전절을 지켰다. 요한복음 10:22-23에는 "예루살렘에 수전절이 이르니 때는 겨울이라 예수께서 성전 안 솔로몬 행각에서 거니시니"라는 말씀이 있다. 해마다 기슬르월의 25일부터 8일간 지켰으며, 첫 날에는 첫째 등잔대와 가운데 등잔대에 2개의 등불을 켜고 다음 날부터 하루에 하나씩의 등불을 켰다. 그래서 맨 마지막 날에는 아홉 개의 등불이 켜졌다. 그래서 수전절을 빛의 명절이라고 불렀다.

수전절 – 첫 날에 2개의 등불이 켜진 촛대

마카비(하스모니안) 왕조 시대

유다 인들은 제사장 마카비 일가의 지도하에 대규모 반란을 일으켜 안티오쿠스가 보낸 군대를 유다 지역에서 몰아내고 정치적인 독립과 자유를 누렸으며, BC 63년 로마의 폼페이 장군이 예루살렘을 점령할 때까지 예루살렘을 지배하는 마카비 왕조가 되었다. 독립 전쟁을 시작했던 마타디아스의 아버지 '하스몬'의 이름을 따서 이 왕조를 '하스몬 왕조'(Hasmonian Dynasty) 또는 '마카비 왕조'(BC 160-63)라고 부른다.

제사권과 왕권을 한 몸에 지녔던 마카비 왕조는 세월이 가면서 부패하게 되었고, 가문 내에서 권력다툼이 자주 일어났다. 유다인들은 마카비 왕들의 권력과 종교관에 점차 불만을 가지게 되었다. 하스몬 왕조의 힐가누스(Hyrcanus II)와 아리스토부루스(Aristobulus II)의 왕권 쟁탈 전쟁은 치열했고, 이 와중에 이두메(에돔) 통치자 안티파(Antipater)는 힐가누스의 편을 들면서 유다 나라로 진출했고, 힐가누스는 로마장군 폼페이를 끌어들이게 된다. 로마의 폼페이 장군이 아리스토부루스를 체포하고 예루살렘 성전 지성소의 휘장을 철거하는 행태에 유다 인들이 경악을 하게 된다. 그런 가운데 힐가누스 가문이 대제사장이 되었고, 실제 권력은 안티파(헤롯 대왕의 아버지)에게 있었다. 이런 꼴을 보기 싫었던 유다인들은 안티파를 독살했으며 로마는 그의 아들 헤롯을 유다 왕으로 임명했다. 이 헤롯이 바로 예수가 태어날 때 유다 왕이었다.

사해사본 – 에세네파가 쿰란에서 필사했던 사해 사본 – 요르단의 암만 고고학 박물관

유마카비왕조 시대의 유대인 분파

마카비 왕조가 다스리는 기간에 나타난 유대인의 분파로는 사두개파, 에세네파, 바리새파 등이었다. 사두개파는 헬라화된 제사장들과 귀족들을 중심으로 현실 정치에 참여했으며, 바리새파는 성전을 중심으로 마카비들과 연계하고 세상에 종말은 오지만 그렇게 임박하게 온다고는 생각하지 않았다.

에세네파는 세속을 버리고 금욕을 추구하며, 세상의 종말이 '곧 온다'고 믿고 자신들의 재산을 다 기증하고 공동생활을 했다. 예루살렘 성전과도 멀어지고 자신들의 공동체를 거룩한 성전으로 여겼다. 당시 예루살렘, 갈릴리, 알렉산드리아 등 유대인들이 사는 대부분의 도시에는 에세네파가 있었다. 에세네파의 주거지 쿰란에는 공동체 주거지, 사제 양성소, 성경 필사실 등이 발굴되어 있다.

쿰란의 성경필사실

12
로마제국 시대 이야기

1. 로마제국 시대
2. 예루살렘 성전
3. 예루살렘의 멸망과 엘리아 카피톨리나

로마제국 시대 (BC 63 – AD 313)의 구분은 예루살렘 역사를 중심으로 구분한 것이다. 옥타비아누스는 악티움 해전(BC 31)에서 승리 후 로마 최초 황제로 등극하여 가이사 아우구스투스로 불리었다. 헤롯은 레위 인을 시켜 예루살렘 성전을 화려하게 재건축하고 광장을 두 배로 늘렸다. 그러나 유대 인들이 로마제국에 반란을 일으켜 로마의 티투스 장군에 의해 예루살렘이 멸망을 당하게 되고 성전은 불타 버렸다(AD 70년). 그 후 계속된 유대 인의 반란(바 코크바 반란)을 진압한 뒤에 로마 황제 하드리아누스는 모든 유대 인들을 그 땅에서 아주 쫓아내어 버리고 예루살렘을 로마도시(엘리아 카피톨리나)로 만들었다(AD 135년).

1. 로마제국 시대

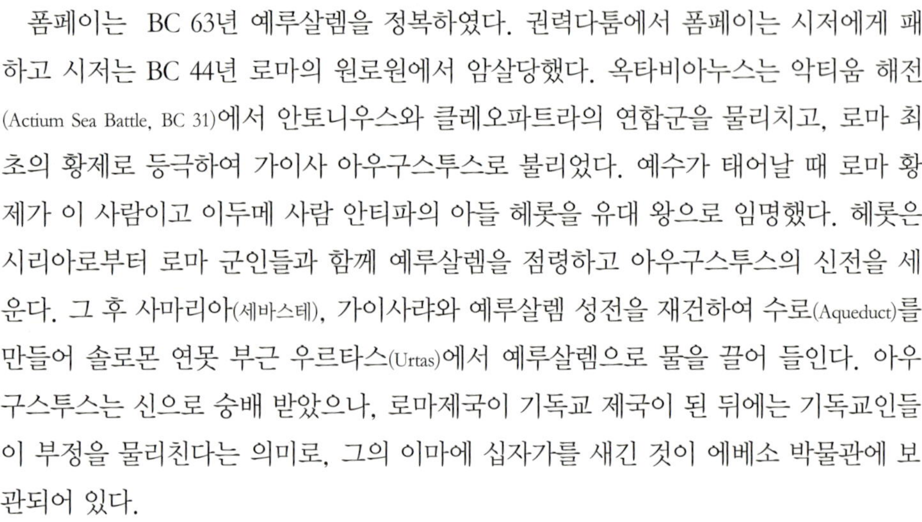

폼페이는 BC 63년 예루살렘을 정복하였다. 권력다툼에서 폼페이는 시저에게 패하고 시저는 BC 44년 로마의 원로원에서 암살당했다. 옥타비아누스는 악티움 해전(Actium Sea Battle, BC 31)에서 안토니우스와 클레오파트라의 연합군을 물리치고, 로마 최초의 황제로 등극하여 가이사 아우구스투스로 불리었다. 예수가 태어날 때 로마 황제가 이 사람이고 이두메 사람 안티파의 아들 헤롯을 유대 왕으로 임명했다. 헤롯은 시리아로부터 로마 군인들과 함께 예루살렘을 점령하고 아우구스투스의 신전을 세운다. 그 후 사마리아(세바스테), 가이사랴와 예루살렘 성전을 재건하여 수로(Aqueduct)를 만들어 솔로몬 연못 부근 우르타스(Urtas)에서 예루살렘으로 물을 끌어 들인다. 아우구스투스는 신으로 숭배 받았으나, 로마제국이 기독교 제국이 된 뒤에는 기독교인들이 부정을 물리친다는 의미로, 그의 이마에 십자가를 새긴 것이 에베소 박물관에 보관되어 있다.

구약시대의 종결과 신약시대의 도래

신, 구약 중간시대는 말라기 선자자를 끝으로 예언자들의 활동과 예언이 끝나고, 예수의 탄생을 알리는 세례자 요한의 메시지와 함께 새벽 별이신 예수가 탄생할 때까지 예언자의 소리 없이 영적인 어두움 속에 지냈던 400년 남짓한 기간이다. 이 기간에는 활동하는 선지자들이 없었으나 이 기간에 일어날 일에 대해 다니엘을 비롯한 과거 여러 선지자들의 책에 예언되었다.

아르벨 산 – 유다 독립 운동가들이 숨어 지내던 동굴들, 갈릴리 호수 앞

세례자 요한은 예수보다 6개월 먼저 세상에 와서 요단강에서 세례를 주며, 메시아의 길을 예비하여 사람들이 회개하고 세례를 받고 하나님의 나라를 받아들일 준비를 했다.

예수님 당시 유다 나라의 상황

예수 당시 한 유대 인이 성전 문에 서 있던 로마의 독수리를 파손하여 산채로 화형을 당하자 화가 난 폭도들이 로마 군인들을 향해 돌을 던졌다. 로마 장군 바루스(Varus)는 2,000명의 독립 운동가들을 십자가에 처형시켜 예루살렘에서 갈릴리로 가는 길에 그들의 시체를 여러 날 십자가에 달아 놓았다. 예수님은 갈릴리와 예루살렘을 오가면서 이와 유사한 광경을 보았을 것이다.

사두개인은 로마인들과 협조하면서 재산과 산헤드린 통제권을 유지했고 바리새인과 서기관은 종교적인 문제에 몰두했다. 에세네파는 사회를 떠나 수도원에 은둔했고 열심당원은 로마와 싸우면서 테러행위를 저질렀다. 예수 이전부터 자신을 로마로부터 나라를 구하는 메시아라고 주장하는 사람들이 가끔 나타났으며 열심당원들은 그들을 환영했다. 그러나 로마 당국은 그들을 위험인물로 보고 죽였으며 예수도 이런 오해를 받았다.

헤롯 가문

헤롯 대왕은 독재자였으며 유대인들의 환심을 사기 위해 성전을 건축했다. 헤롯 대왕이 죽자 영토는 아들들에게 분할되고 분봉 왕 시대가 시작되었다. 아켈라오는 유대와 사마리아지역을 통치했으나, 난폭하다는 평가 때문에 AD 6년에 폐위되고 로마 총독이 그 지역을 직접 다스리게 되었다. 헤롯 안티파스는 갈릴리와 페레아 지역을 다스렸고 헤롯 빌립은 갈릴리의 북동쪽 지역을 다스렸다.

2. 예루살렘 성전

헤롯은 산봉우리로 된 성전 산 지역에 라임스톤(석회석)으로 아치를 세우고 골짜기를 메꾸어 평평하게 만들고 성전을 건축했다. 성전 공사는 거룩한 공사였기 때문에 레위인 1000명에게 기술을 가르쳐 공사를 했다고 전해진다. 왜냐하면 헤롯은 에돔(이두매) 사람이기 때문에, 유대인들이 성전 짓는 것을 별로 달갑지 않게 생각했기 때문이다. 돈과 후원은 자기가 했지만 실제로 짓는 것은 레위 인들을 훈련시켜서 지었다고 한다.

사해 바다 앞에 있는 마사다 요새

예수님 당시 헤롯 성전 모델 – 이스라엘박물관

로마제국에 의한 예루살렘의 멸망 (AD 70년)

유대 인들이 로마제국에 대해 반란을 일으켰다. 전쟁의 발발은 66년 가이사랴 지역의 회당 앞에서 그리스인들과의 다툼에서 시작되었지만, 근본적인 문제는 로마인들이 세금을 거두는 과정에서 폭리가 행해졌고, 예루살렘 성전의 대제사장을 로마가 임명한 데 대한 불만에서 비롯되었다. 특히 로마 총독 플로루스가 체납된 속주세 대신 예루살렘 성전의 보물창고에서 17달란트의 금화를 몰수하고 항의하는 유대 인들을 강경진압한 데서 비롯되었다.

유대 인들의 로마에 대한 항거가 일어나자, 로마 황제 네로는 반란을 진압하기 위해 베스파시아누스 장군과 그의 아들 티투스를 파견했다. 아버지와 아들이 함께 유대 인의 반란을 진압하기 위해 팔레스타인 지역으로 오게 되었다. 그들이 유다 지역에 들어가기 전에 시리아의 실루기아 항구 앞의 산에 주둔하면서, 항구 쪽으로 터널을 뚫었던 것은 유명한 이야기로 남아있다.

로마군은 시리아에서부터 북쪽 갈릴리 지방을 거쳐 남쪽 예루살렘으로 접근하면서 반란자의 편에 선 도시를 차례로 점령하였다. 67년에 갈릴리 지역의 감라(Gamla),

과거 예루살렘 성벽의 모형 – Tower of David Museum

통곡의 벽

70년에 예루살렘(Jerusalem), 73년에 마사다(Masada)의 함락으로 유대 인의 반란은 끝을 맺는다. 대부분의 유대 인들은 로마 군에 잡히는 것 보다는 자결을 택했다. 특히 예루살렘의 공방전에서는 사망자가 무려 110만 명이었다고 한다. 예수께서 감람산에서 예루살렘을 바라보면서 장차 닥쳐올 예루살렘의 멸망을 생각하며 우셨던 이유를 알만하다(눅 19:41-44).

AD 68년 네로 황제의 폭정을 반대하여 로마에서 일어난 폭동으로 네로 황제가 자살을 하자, 베스파시아누스는 황제가 되기 위해 로마로 가고 그의 아들 티투스가 유대 진압을 이어 받았다. 예루살렘은 주후 70년 로마의 티투스 장군에 의해서 멸망하고 서쪽 성벽만 남겨 놓은 채 파괴되고 성전은 불타 버렸다. 티투스 장군은 유다 인들을 포로로 잡아 로마로 끌고 갔고, 예루살렘에 남아 있는 유다 인들은 반란을 일으키지 못하도록 예루살렘 밖으로 쫓아내었다. 흩어진 유다 인들은 1년에 한 차례 예

통곡의 벽 지하터널 – 통곡의 벽은 밖에 나타난 부분이 60미터, 지하터널 부분이 485미터이다.

루살렘에 와서 남아 있는 서쪽 성벽 앞에 가서 통곡을 했다. 그래서 서쪽 성벽이 통곡의 벽으로 불리어진다.

유대 인 역사가 요세푸스는 BC 586년 바빌론의 느부갓네살이 예루살렘을 멸망시킨 날짜와 AD 70년 로마의 티투스 장군이 멸망시킨 날짜가 똑같다고 했다. 멸망 일자는 5월 10일 솔로몬 성전이 지어진 지 1,130년 7개월 15일 만에, 제2성전이 지어진 지 639년 45일 만에 멸망했다.

티투스의 개선문

티투스 장군은 AD 70년 예루살렘을 멸망시키고 로마로 개선했다. 아버지 베스파

티투스 개선문 – 로마광장 앞

개선문 안에 새겨진 부조 – AD 70년 예루살렘을 멸망시키고 미노라와 성전기명을 가져오는 로마 군인들

시아누스가 먼저 개선했고 티투스는 황제의 아들이었기 때문에 상당한 예우를 받았다. 그 후에 베스파시아누스가 죽고 티투스가 황제가 되면서 예루살렘을 멸망시킨 티투스 장군을 기리기 위해 로마 광장 앞에 개선문을 만들었다. 개선문 위쪽에 보면 '원로원과 로마시민들이 신이신 베스파시안의 아들이며 신이신 티투스에게와 베스파시안 아우구스투스에게'라는 글이 라틴어로 새겨져 있는 것을 보면 그들이 신격화되었던 것을 알 수 있다. 개선문 안쪽에는 티투스가 개선할 때에 로마 군인들이 예루살렘 성전으로부터 미노라와 기명들을 운반하는 모습을 볼 수 있다. AD 72년 로마의 콜로세움을 건설할 때 노예로 끌려 온 유대인 12,000명을 강제노동에 동원하고, 성전에서 가져온 금, 은기명들을 팔아서 재정에 충당했다고 전해진다.

콜로세움

콜로세움(Colosseum)은 네로 황제의 거상(Colosus Nero)이 서 있던 자리에 세워졌기 때문에 붙여진 이름이다. 지붕을 천막으로 덮어서 햇빛을 가리고 비를 막았다. AD 72년 베스파시아누스 황제에 의해 건축이 시작되어, 그의 아들 티투스 황제에 의해 AD 80년에 완공되었다. AD 70년 티투스 장군이 예루살렘을 멸망시키고 가져온 보물과 노예들을 콜로세움 건설에 투입했을 가능성도 있다. 내부를 웅장하게 지어놓고 물을 채워서 모의 해전까지 했다고 한다. 검투사 싸움, 노예들과 피 흘리는 맹수의 싸움을 보고 관중들이 환호와 쾌락을 느끼게 했던 극장이다.

로마의 콜로세움 내부 모습

콜로세움 외부 모습

3. 예루살렘의 멸망과 엘리아 카피톨리나

엘리아 카피톨리나의 성문

AD 135년 로마황제 하드리아누스가 예루살렘을 로마의 도시 즉 엘리아 카피톨리나로 만들었을 때의 예루살렘 성문이 오른쪽 사진의 왼쪽 아래에 있는 작은 문이다. 역사적으로 오래 된 문이고 이 문 안으로 들어가면 로마광장이 펼쳐진다. 광장에는 기둥이 있고 그 뒤로 길이 뻗어나간다. 문 안쪽의 로마 시대에 깔려 있던 돌들에는 마차를 몰고 갈때 미끄러지지 말라고 돌에 골을 파 놓은 것을 볼 수 있다.

엘리아 카피톨리나 문과 광장의 모습을 재구성한 모형

엘리아 카피톨리나 문 – 오늘의 예루살렘 다메섹 문 왼쪽 밑에는 엘리아 카피톨리나 문이 남아있다.

엘리아 카피톨리나는 하드리아누스가 예루살렘을 로마도시로 만든 모습이다. 예루살렘의 유대 인 성전을 로마의 최고신 주피터 신전으로 만들고 지금의 성묘교회(예수님 무덤교회) 자리에는 비너스 신전을 세웠으며, 자신의 이름을 딴 하드리아누스 문도 만들었다.

예루살렘은 AD 70년 로마의 티투스 장군에게 멸망한 뒤, AD 135년 하드리아누스 황제에 의해 완전히 로마도시로 바뀌어 버렸다. 그 땅의 이름도 팔레스티나(Palestina, 블레셋의 땅)로 명명하고, 이스라엘 백성들을 그 땅에서 완전히 추방해 버렸다. 유다 인들의 일부는 노예로 로마에 끌려가고 나머지는 세계 각지로 흩어져 약 2,000년을 떠돌아 다녔다. 그러다가 다시 팔레스틴에 돌아와 1948년에 독립 국가를 형성했다.

역사적 교훈- 권력 내분과 역사적 침입

역사적으로 볼 때 권력내분과 외세의 침략은 연관성이 있다. 바빌론 침략 당시 유다 나라에는 시드기야 왕 때 강경파와 온건파의 대립이 있었다. 시리아의 안티우쿠스 4세의 침입 직전에도 유다 나라에는 제사장 도비야와 오니아스의 권력다툼이 있었으며, 도비야는 권력다툼의 유리한 고지를 점령하기 위해 시리아의 안티우쿠스 4세를 끌어들였다. 로마의 침입 직전에도 유다 나라에는 힐가누스 2세와 아리스토불루스2세의 권력다툼이 있었다. 헤롯은 힐가누스 2세를 도왔으며 힐가누스는 로마의 세력을 끌어들여 자신의 권력유지를 위해 이용했다. AD 70년 예루살렘 멸망 직전에도 유다 나라에는 강경파인 열심당과 온건파 유대인들 간에 대립이 있었다.

예루살렘의 멸망 후 구약 성서가 편찬 됨

가나안 땅에 살고 있던 유대인들이 BC 586년에 바벨론에 포로로 잡혀갈 때, 바벨론으로 가져가서 발전시킨 구약성경의 본문과, 가나안 땅에 남아있던 사람들이 소유하면서 발전시켰던 구약성경의 본문(마소라 본문의 원조), 그리고 유다 왕국의 멸망 이후 이집트로 내려간 사람들이 가져가서 발전시킨 구약성경 본문(70인 역의 원조) 등 3가지 본문들 사이에서 표준화 작업이 필요했다.

예루살렘 성벽 쪽에서 바라본 눈물교회

이 표준화 작업은 랍비 아키바(Akiba)에 의해 이루어졌다. 구약성경의 표준화 작업을 거친 뒤에 AD 100년 경 랍비들은 얍니아 회의에서 39권의 책을 구약성경으로 확정했다. AD 70년 예루살렘이 망한 뒤에 AD 100년경 얍니아 부근에서 구약성경 39권을 확정했다. 유대인들이 세계 각지로 흩어질 때 그들에게는 39권으로 확정된 구약성경이 있었다. 이 구약성경은 그들을 2,000년 뒤에 시온으로 결집시키는 정신적인 힘이 되었다. BC 586년에는 예루살렘이 망한 뒤에 바벨론에서 한 유다 인이 민족의 장래를 걱정하면서 신앙적 결집을 위해 열왕기서를 기록했다. 나라가 망한 뒤에 하나님의 말씀을 통해서 민족을 신앙으로 결집시키는 일을 했다는 것은 매우 의미있고 중요한 일이었으며, 이를 통해 후일 다시금 고국으로 돌아오는 일에 정신적인 바탕이 되었다.

솔로몬 성전 자리에 서 있는 모스크의 의미

오늘의 예루살렘에는 모스크가 서 있다. 이 자리가 비잔틴 시대에는 폐허로 남아 있었으며 예수님 당시에는 헤롯이 지은 성전이 서 있었고, 그 이전에는 스룹바벨 성전, 그 이전에는 솔로몬 성전이 서 있었다. 오늘날 성전 자리에 서 있는 모스크를 보면서 유대 인들은 여러 가지 생각을 한다. 유다 인들이 전쟁을 통해 성전자리를 빼앗아야 하는가? 평화공존을 위해 그대로 두어야 하는가? 그러나 기독교인들의 입장에서 보면 어떨까? 이 모스크 건물을 빼앗아서 다시 성전을 짓는다는 것은 기독교인의 입장에서는 중요한 것이 아니다. 예수님은 '이 성전을 헐라! 내가 사흘 만에 지으리라'고 하셨다. 예수님은 자기 육체로 짓는 성전을 말씀하셨다. 하나님의 나라에는 성전이 없으며 하나님과 어린 양이 성전이 되신다(계 21:22). 기독교는 보이는 성전에 의존하는 수준을 넘어선다. 오히려 예수님께서 지으신 보이지 않는 성전, 신자들의 마음에 있는 성전, 하늘의 성전이 중요한 것이다.

13

예수님 시대 이야기

1. 신약시대
2. 예수 이야기
3. 하나님의 나라

신약성경은 로마시대에 기록되었다. BC 63년 로마의 폼페이 장군이 예루살렘을 정복함으로 유대 나라는 로마의 통치를 받았고, 로마의 도로 개발 정책이 예수의 복음을 전파하는데 큰 역할을 하게 되었다. 4복음서는 예수의 탄생과 사역, 수난과 죽음 그리고 부활과 승천을 통해 하나님 나라를 선포한다. 신약성경은 상상력에 의한 신화나 전설을 말하지 아니하고 하나님의 주권과 역사 속에서 구체적으로 일하시는 예수 그리스도의 구원사역을 기록하고 있다.

1. 신약시대

신약성경과 역사적 배경

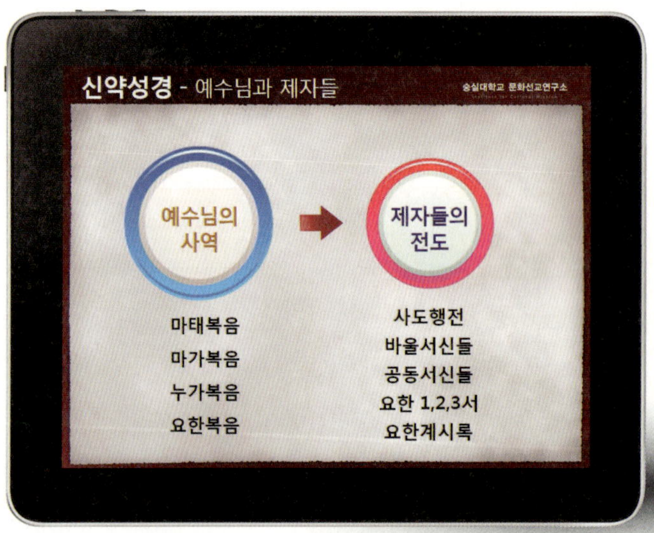

신약 성경 중에서 복음서(마태, 마가, 누가, 요한)는 예수(BC 4-AD 29)의 사역에 관한 이야기이고, 다른 책들(사도행전, 바울서신들, 공동서신들, 요한1,2,3서, 요한 계시록)은 제자들의 전도 활동에 관한 이야기이다.

예수의 12제자

축복의 산에서 예수가 선택한 12제자는 시몬 베드로, 안드레, 세베대의 아들 야고보, 요한, 빌립, 바돌로매, 도마, 마태, 알패오의 아들 야고보, 다대오, 가나안인 시몬, 가룟 유다이다. 이 외에도 바울을 비롯한 예수의 제자들은 예루살렘을 시작해 안디옥, 로마, 빌립보, 에베소, 고린도 등 세계만방에 다니면서 복음을 전하고 순교했으며, 이때 기록된 서신이나 계시는 신약성경이 되어 역사에 남게 된다.

예수시대의 정치상황

예수가 태어날 때 로마 황제는 가이사 아우구스투스(옥타비아누스)였으며, 예수가 사역을 시작할 때 로마 황제는 디베리우스였다. 예수님 시대 유대 왕들로는 예수가 태어날 때는 헤롯 대왕, 예수가 사역할 때는 분봉 왕 시대로 갈릴리와 베뢰아 지역은 헤롯 안티파스가 다스렸고, 가이사랴, 사마리아, 예루살렘은 본디오 빌라도가 다스렸고, 갈릴리 북동쪽은 빌립이 다스렸다.

예수시대의 유대종파들

예수 시대 유대 종파들을 보면, 핫시딤은 수리아 왕조의 헬라화 정책에 반대한 마카비 혁명의 핵심요원들로 율법에 헌신적인 자들이었다. 사두개파는 대제사장 사독의 이름을 딴 종파로 귀족정치를 지향하고, 하스모니안 왕조와 로마 통치 하에서 정치세력을 형성하여 상당수가 산헤드린 공회를 차지하였다. 수리아 왕조의 헬라화 정책을 지지했던 정치적 집단이며 몸의 부활과 천사의 존재를 부정했다. 사두개파는 AD 70년 성전파괴와 함께 사라졌다. 바리새파는 하스모니안 왕조 하에서 생긴 단체이며 사두개파로부터 유대교의 정통성을 지키기 위해 노력하였고, 몸의 부활과 천사와 영적인 존재를 다 믿으며 그 전통은 오늘까지 계승되고 있다. 열심당은 갈릴리 사

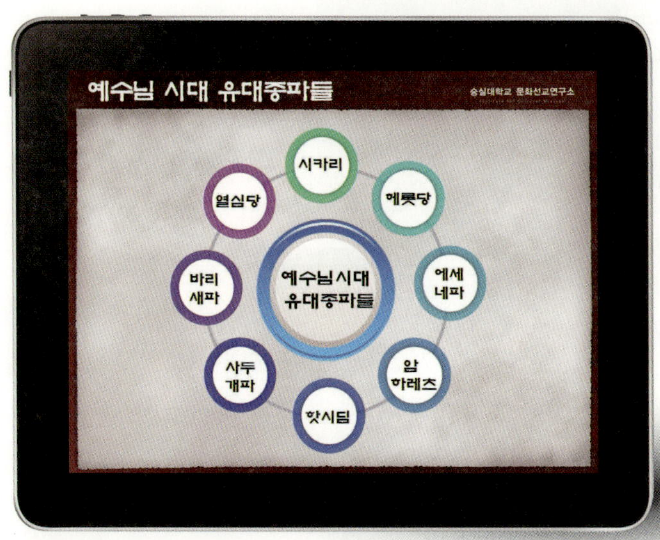

람 유다가 창설한 조직체(행 5:37)로 기원전 1세기 전후 로마제국의 팔레스틴 통치에 저항해서 생겼다. 시카리는 열심당원 중에서도 극렬분자들로 칼을 품고 다니면서 테러도 감행했다. AD 73년 마사다에서 최후의 저항을 하였고 멸망 후 자취를 감추었다. 헤롯당은 헤롯 왕조 때에 생겨난 정파로 로마에 동조하는 헤롯 왕가를 지지하는 사람들의 모임이다. 에세네파는 세속적인 것을 반대하여 금욕주의, 독신주의, 율법적인 엄격한 생활을 하며 쿰란에 집단적으로 거주하였다. 요세푸스의 기록에 의하면 예수님 당시 그들의 수는 약 4,000명이 되었다고 한다. 암 하레츠(Am Ha-aretz)는 히브리어로 '땅의 백성들'이란 뜻으로 팔레스틴 유대인들의 대다수 평민들이다. 바리새인들과 사두개인들로부터 무시를 당했고, 예수는 이들을 목자 없는 양으로 간주하고 친구가 되어 주셨다.

2. 예수 이야기

탄생과 사역

예수님이 태어나신 곳 - 베들레헴 성탄교회의 지하 동굴

예수의 탄생(BC 4)은 예수의 육신의 부모였던 요셉과 마리아가 로마 황제 가이사 아우구스투스의 인구조사 명령(눅2:1)에 따라 고향 베들레헴으로 갔다가 예수를 낳았다. 예수에 대한 공생애 이전(BC 4-AD 26)의 기록은 별로 없다. 12세 때 유월절을 지키기 위해 예루살렘을 방문했다는 기록뿐이다(눅2:40-51). 예수는 나사렛에서 30년을 사셨다. 지포리(Zippori, 세포리스, Sepphoris)는 예수님 당시 갈릴리 지방의 수도이다. 헤롯 대왕 시대에 나사렛은 작은 도시였지만 지포리는 갈릴리 지방의 수도로서 큰 도시였으며, 예수가 자란 나사렛에서 가깝기 때문에 예수가 나

가버나움 회당 – 예수님 당시의 가버나움 회당 터

사렛에서 자랄 때, 예수의 아버지 요셉과 예수가 지포리에서 함께 목수 일을 했을 것이라고 추측하는 학자들이 많다.

예수는 공생애를 시작하기 전에 요단강 건너편 베다니에서 세례자 요한에게 세례를 받으시고, 성령에게 이끌리어 유대 광야에서 마귀에게 시험을 받으셨다(AD 26). 세 가지 시험을 받았는데 돌이 떡이 되게 하라(눅 4:1-4, 마 4:3-4), 세상 영광을 얻기 위해 마귀에게 절하라(눅 4:5-8, 마 4:8-9), 성전 꼭대기에서 뛰어 내리라(눅 4:9-13, 마 4:5-6)는 물질과 명예와 영웅심에 대한 시험을 받았지만, 하나님의 말씀으로 마귀의 시험을 이기셨다. 시험을 이기신 예수님은 갈릴리 지방으로 가셨다. 갈릴리 호수에서 고기를 잡던 어부들을 제자로 부르시고, 갈릴리 호수 북쪽 가버나움을 근거지로 해서 3년 동안 사역을 하셨다. 갈릴리 지역을 두루 다니시면서 하나님의 나라를 전했을 뿐만 아니라, 두로와 시돈 등 이방 땅으로 가셨다가도 가버나움으로 다시 가셨고, 명절

나사렛 회당 – 예수님이 나사렛에서 이사야서 61장을 읽으셨던 나사렛 회당 터

때에는 예루살렘에 올라가서 절기를 지키고 거기서도 전도활동을 하시다가 다시 가버나움으로 가셨다.

나사렛 회당은 예수께서 이사야서 61장을 낭독하신 곳이다. 이사야서 61장의 내용은 신약성경 여러 곳에서 인용되고 있다. 가난한 자에게 복음을 전하고(마 5:3), 포로된 자에게 자유를, 눈먼 자에게 다시 보게 함을, 눌린 자를 자유케 하고, 주의 은혜의 해를 전파하게 하려 하심이라(눅 4:18–19). 메시아가 오면 이런 일을 한다고 이사야가 예언했는데, 그 예언을 따라서 예수가 이 땅위에 메시아로 탄생했고, 사역하게 되었다는 것을 증거하기 위해 예수님 자신이 친히 이사야서 61장을 찾아 읽으셨다.

오병이어의 기적을 베푸신 곳은 벳세다 근처이다(마 14:13–21, 막 6:30–44, 눅 9:10–17, 요 6:1–14). 예수께서 벳세다 근처에서 오병이어의 기적을 행하시고, 제자들을 먼저 배로 떠나보내시고, 밤중에 물위로 걸어서 제자들의 배에 오르시며 풍랑을 잔잔하게 하시

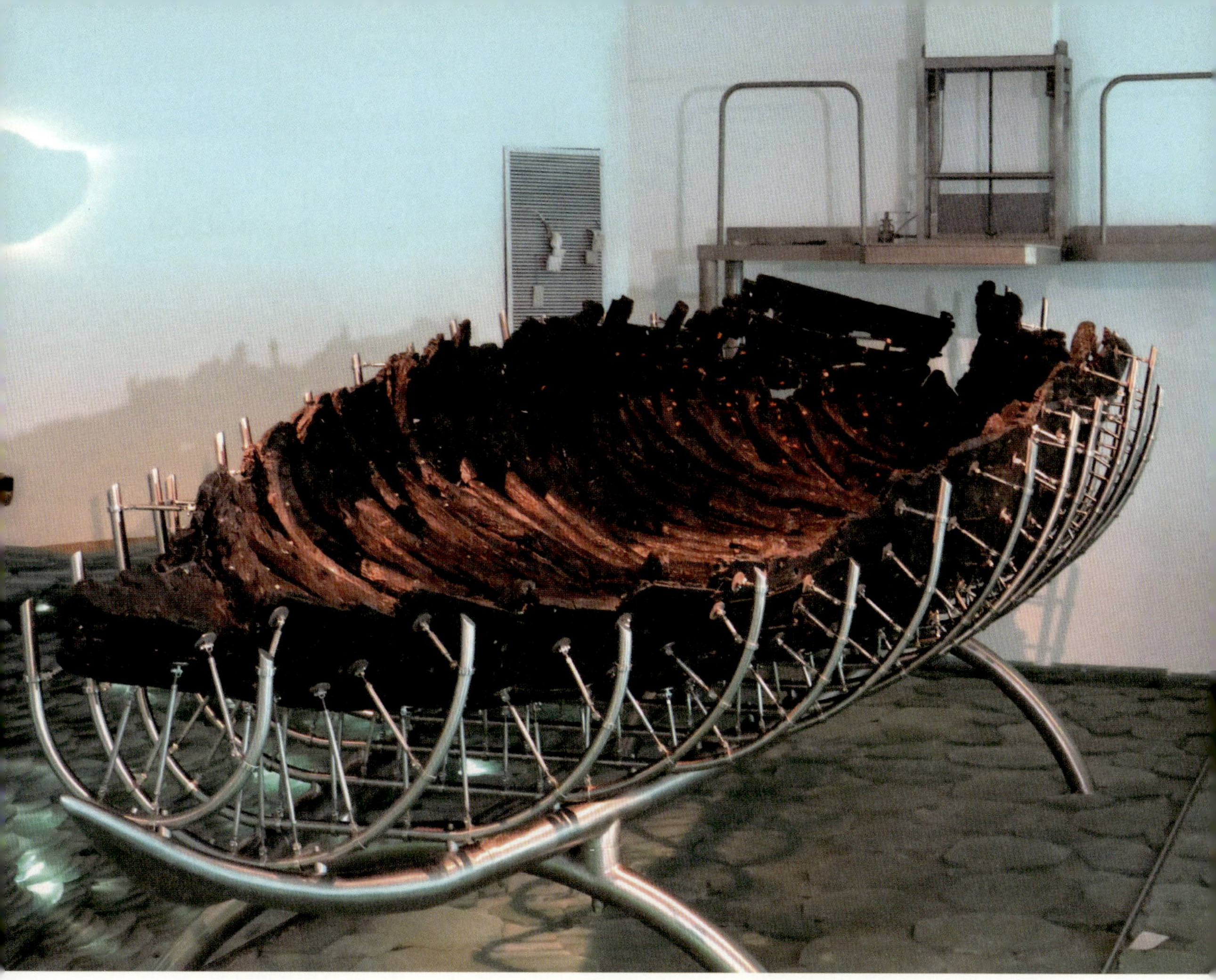

예수님 시대의 배 – 1986년 가뭄 때 갈릴리 호수에서 발견된 예수님 시대의 배

오병이어

고, 가버나움으로 가셔서 가버나움 회당에서 생명의 떡에 대해 말씀하셨다(요 6장). 오병이어 기념교회 내부의 모자이크 위쪽 돌위에는 예수께서 생선과 떡을 놓으셨다고 전해진다.

예수께서 갈릴리 호수 북쪽 축복의 산에서 팔복을 가르치셨다(마 5:1–12). 예수께서 복을 가르치신 축복의 산은 아직도 그 당시 모습 그대로 남아 있다.

축복의 산

예수께서는 예루살렘에서 가까운 동쪽 베다니의 마리아와 마르다를 방문하셨다 (눅 10:38-42).

그들이 길 갈 때에 예수께서 한 마을에 들어가시매 마르다라 이름 하는 한 여자가 자기 집으로 영접하더라 그에게 마리아라 하는 동생이 있어 주의 발치에 앉아 그의 말씀을 듣더니 마르다는 준비하는 일이 많아 마음이 분주한지라 예수께 나아가 이르되 주여 내 동생이 나 혼자 일하게 두는 것을 생각하지 아니하시나이까 그를 명하사 나를 도와 주라 하소서 주께서 대답하여 이르시되 마르다야 마르다야 네가 많은 일로 염려하고 근심하나 몇 가지만 하든지 혹은 한 가지만이라도 족하니라 마리아는 이 좋은 편을 택하였으니 빼앗기지 아니하리라 하시니라

역사적 예수(참 사람)와 신앙의 그리스도(참 하나님)

예수 그리스도는 참 사람, 참 하나님이시다. 복음서를 읽을 때는 인간 예수(역사적 예수)와 신앙의 그리스도(하나님)를 동시에 발견해야 한다.

우물과 물 길으러 온 여인들, 나사렛 빌리지

자기가 하늘에서 내려온 떡이라 하시므로 유다인들이 예수에 대하여 수군거려 이르되 이는 요셉의 아들 예수가 아니냐 그 부모를 우리가 아는데 자기가 지금 어찌하여 하늘에서 내려왔다 하느냐(요 6:41-42)

'그 부모를 우리가 아는데'라는 말은 '인간예수', 즉 역사적 예수를 안다는 것이고, '하늘에서 내려왔다'는 예수님의 말씀은 '신앙의 그리스도'를 나타낸 것이다. 예수 안에는 '참 인간'과 '참 하나님'의 두 가지 성품이 있다.

신앙의 그리스도(하나님)를 나타내는 내용이 성경의 여러 곳에서 나타난다. 죄를 사하는 권세(마 9:1-8, 막 2:1-12, 눅 5:17-26)나 창세전에 아버지(성부)와 함께 영화를 가졌던 자(요 16:5), 아브라함이 태어나기 전부터 있는 자(요 8:58), 메시아(요 4:25-26), 심판자(요 5:22), 성전보다 큰 이(마 12:6), 안식일의 주인(마 12:8), 솔로몬보다 큰 이(마 12:42), 요나보다 큰 이(눅 11:32), 다윗의 주(눅 20:44), 모세가 기록한 자(요 5:46), 보혜사 성령이 증언하실 자(요 15:26) 등은 예수가 단순한 인간이 아님을 표현하는 말씀들이다. 이것은 예수가 하나님이 되시고 그리스도가 되심을 나타내는 것이다.

변화 산 기념교회 – 변화 산으로 알려진 다볼 산 위에 세워진 기념교회

영과 진리로 예배

예수님은 사마리아 여인과의 대화에서 영과 진리로 예배하라고 하셨다.

하나님은 영이시므로 예배하는 자가 영과 진리로 예배할 지니라(요 4:24)
God is a Spirit: and they that worship him must worship him in spirit and in truth(KJV).

하나님은 영이시므로 영과 진리(εν πνευματι και αληθεια, in spirit and truth) 로 예배해야 한다는 것이다(요 4:23). 영으로 예배한다는 것은 성령의 힘으로 예배하는 것이며, 진리로 예배한다는 것은 아는 것(참 하나님)을 예배하는 것으로 알지 못하는 것(거짓 신들)을 예배하는 사마리아 인들의 잘못된 예배를 시정한 것이다.

가이사라 빌립보 판신전의 오늘날 모습

변화 산

변화된 예수님의 모습(마 17:1-13, 막 9:1-13, 눅 9:28-36)과 관련하여 변화 산에 대한 두 가지 견해가 있다. 하나는 '헬몬 산' 다른 하나는 '다볼 산' 이다. 베드로가 신앙고백을 한 가이사랴 빌립보 지방에서 6일(마 17:1, 막 9:2)이나 8일(눅 9:28) 후에 예수님이 변화하셨다. 따라서 변화 산은 가이사랴 빌립보 지방에서 6일이나 8일 만에 갈 수 있는 곳이라야 한다. 가이사랴 빌립보 지방에서는 헬몬 산이 더 가깝기 때문에 헬몬 산이라고 주장하는 사람도 있고, 다볼 산도 6일이나 8일 만에 갈 수 있는 곳이므로 다볼 산

가이사라 빌립보 판신전의 과거 모습

이라고 주장하는 사람도 있다. 변화 산의 사건이 가이사랴 빌립보 지방에서 베드로의 신앙고백이 있은 지 '6일 후'(마 17:1, 막 9:2), 또는 '8일 후'(눅 9:28) 이렇게 복음서 간에도 차이가 나는 것은, 복음서의 기자들이 복음서를 기록할 때 같은 장소에서 의논하면서 기록한 것이 아니라, 그들이 목격했거나 목격자들로부터 들은 이야기에 대해 수십 년 뒤에 기억을 더듬어가며 서로 다른 곳에서 각기 기록했기 때문이다. 그러나 그들은 각자의 기억을 더듬어가며 정직하게 기록한 것이다.

이러므로 성서해석에 있어서 '축자영감설'의 한계가 있다. 성령님께서 불러 주신 그대로 받아 적기만 했다면 이런 차이가 나면 안 되는 것이다. 그래서 축자영감설을 받아들이면 이런 차이에 대해 설명하기가 어려워진다. 하지만 각기 다른 저자들이 기억을 더듬어 기록하는 과정에서 생긴 견해차이라고 한다면 설명이 되는 것이다. 그렇다고 해서 성경의 권위가 축소되는 것은 아니다. 하나님께서는 저자들의 지식과 기억력을 살려가면서, 하나님의 전체적인 구원의 메시지를 전하는데 부족함이 없도록 인도하시고 영감을 주셨기 때문이다. 결국, 성경을 통해 성령의 감동을 체험한 사람들에게는 이런 것이 큰 문제가 되지 않는다.

율법과 복음

예수는 자신의 의를 자랑하거나 의지하지 말라고 하셨다. 율법과 복음의 차이는, 자기 의를 자랑하는 것은 율법이고, 자기 의를 자랑하지 않고 하나님의 의를 의지하는 것은 복음이다. 바리새인과 세리의 기도를 보면, 세리는 자기 의를 자랑하지 않고 하나님의 긍휼을 의지했으나, 바리새인은 율법을 잘 지켰다는 자기의 의를 자랑했다. 복음과 율법은 여기에서 차이가 나는 것이다. 세리가 의롭다함을 얻은 것이다.

또 자기를 의롭다고 믿고 다른 사람을 멸시하는 자들에게 이 비유로 말씀하시되 두 사람이 기도하러 성전에 올라가니 하나는 바리새인이요 하나는 세리라 바리새인은 서서 따로 기도하여 이르되 하나님이여 나는 다른 사람들 곧 토색, 불의, 간음을 하는 자들과 같지 아니하고 이 세리와도 같지 아니함을 감사하나이다 나는 이레에 두 번씩 금식하고 또 소득의 십일조를 드리나이다 하고 세리는 멀리 서서 감히 눈을 들어 하늘을 쳐다보지도 못하고 다만 가슴을 치며 이르되 하나님이여 불쌍히 여기소서 나는 죄인이로소이다 하였느니라 내가 너희에게 이르노니

변화 산으로 알려진 다볼 산

겟세마네 기도 – 겟세마네 동산의 조형물

십자가를 지는 예수 – 안토니아 포트레스(빌라도 법정)안에 있는 모자이크

이에 저 바리새인이 아니고 이 사람이 의롭다 하심을 받고 그의 집으로 내려갔느니라 무릇 자기를 높이는 자는 낮아지고 자기를 낮추는 자는 높아지리라 하시니라(눅 18:9-14)

예수께서는 수고하고 무거운 짐 진 자들아 다 내게로 오라 내가 너희를 쉬게 하리라(마 11:28)고 하셨다. 여기서 수고하고 무거운 짐은 무엇인가? 무게가 많이 나가는 짐을 가리킨 것이 아니라 율법과 율법의 해석을 위해 생겨난 장로들의 유전을 가리킨다.

예수는 백성들이 장로들의 유전을 지키기가 너무 힘들어 괴로워하는 것을 보고 이 말씀을 하신 것이다. 복음은 우리의 마음을 쉬게 하고 율법은 마음을 무겁게 한다. 그래서 예수는 율법 아래에 있는 자들에게 복음을 전해주셔서 쉬게 하신 것이다.

"안식일을 기억하여 거룩하게 지키라"(출 20:8)는 율법 하나를 지키기 위해 안식일에 해서는 안 될 일들이 무엇인지 랍비들은 연구해서 수많은 금지 조항을 만들었다. 이렇게 만든 수많은 조항에 시달려 법의 정신을 기억해서 지키기 보다는, 외형적인 조항에 저촉되지 않으려고 하는 외식에 사로잡힌 사람들이 되고 말았다.

예수님의 마지막 한 주간

일요일 (종려주일)	나귀를 타고 예루살렘으로 입성 (마 21:1-11, 막 11:1-11, 눅 19:28-38, 요 12:13), 저물매 베다니에 나가심(막 11:11)
월요일	성전을 청결케 하시고 성전에서 가르치심 (마 21:12-25:46, 막 11:15- 12:44)
화요일	46년 동안 지은 성전이 무너지고 3일만에 자신의 육체로 짓는 성전을 예언하심(막 13:2, 요 2:19-21), 감람 산에서 마지막 때에 대해 가르치심(막 13:3-37)
수요일	베다니 나병환자 시몬의 집에서 한 여인이 예수의 장례를 위해 향유를 부음(마 26:1-13, 막 14:1-9), 가룟 유다가 대제사장들에게 예수를 넘겨줄 모의를 함(마 26:14-16, 막 14:10-11, 눅 22:3-6)
목요일	최후의 만찬, 고별사, 기도, 겟세마네동산, 가야바의 집 (마 26:17-75, 막 14:12-15, 눅 22:7~71, 요 13:1-18:27)
금요일	빌라도의 법정(마 27:1-2), 헤롯 궁(눅 23:6-10), 빌라도의 법정(눅 23:11-25, 요 18:28-19:16), 십자가에 못박히심 오전 9시 (마 27:32-56, 막 15:16-47, 눅 23:26-56, 요 19:17-42)
토요일	파숫군들이 예수님의 무덤을 지킴 (마 27:57-66)
일요일	다시 살아나심 (마 28장, 막 16장, 눅 24장, 요 20-21장)

예수가 승천한 감람 산 꼭대기에 세워진 승천 채플

나귀를 타고 예루살렘으로… (눅 19:35-40) – 벳바게 교회에 있는 그림

하나님을 사랑하고 이웃을 사랑하면 모든 율법을 다 지키는 것이기 때문에, 예수는 율법조항보다도 법의 정신과 사랑으로 율법의 기본 정신을 가르쳐 주신 것이다.

3년 동안 가버나움을 근거지로 복음을 전하시던 예수는 AD 29년 유월절 예루살렘에 올라가 십자가를 지고 운명하셨다(마 27장, 막 15장, 눅 23장, 요 19장). 다음은 예수의 마지막 한 주간을 표로 나타낸 것이다.

벳바게에서 나귀를 타고 예루살렘을 향해 가시던 예수께서, 예루살렘의 전경이 가장 잘 보이는 올리브 산 중턱에 이르러서 예루살렘을 바라보면서 장차 닥쳐올 예루살렘의 멸망을 생각하면서 우셨다(눅 19:41-44).

예루살렘의 멸망

AD 66년 로마의 네로 황제 때 유대인들이 로마를 상대로 반란을 일으켰다. 이 반란을 진압하는 과정에서, AD 70년 티투스 장군이 예루살렘 성전에 불을 지르고 반란을 진압하면서 많은 사람들이 죽고 예루살렘이 황폐하게 되었다. AD 132년에는 로마의 하드리아누스 황제 때 시몬 바 코크바(Simon Bar Kokhba, 별의 아들, 민 24:17)의 지휘로 유대 인들이 반란을 일으켰다. AD 135년 율리우스 세베루스(Julius Severus)장군이 반란을 진압하는데 이때 로마 황제가 하드리아누스였다. 마침내 로마는 예루살렘을 로마도시(Aelia Capitolina)로 만들고 성전자리에 주피터 신전을 세웠다. 유대 땅을 블레셋 사람의 땅이라고 하면서 그 이름을 팔레스티나(Palestina)라고 부르고 예루살렘에 들어오는 유대 인들을 죽였다. 유대 인들은 팔레스틴을 떠나 세계 각지로 흩어지게 되었다.

예수의 죽음

예수의 최후의 만찬에서 죽음까지의 시간을 정리해 보면 다음과 같다.

예수는 빌라도 법정에서 사형선고를 받고 머리에 가시관을 쓰고 십자가를 지고 해골의 언덕이라 불리어지는 골고다에 이르러 십자가에 못 박혔다. 십자가에 못 박힌 예수는 '다 이루었다'(요 19:30), '아버지 내 영혼을 아버지 손에 부탁하나이다'(눅 23:46)

목요일	저물매 (막 14:17)	최후의 만찬
	저녁식사 후에	겟세마네 동산에서 기도
	저녁 늦게	예수께서 체포되심
	밤중에	예수를 대제사장 가야바에게 이송, 가야바의 심문, 베드로의 부인
금요일	새벽에 (막 15:1)	예수를 빌라도의 법정으로 끌고 감
	아침에	빌라도가 예수를 헤롯에게 보냄
	아침에	헤롯이 예수를 빌라도에게 돌려 보냄 빌라도의 채찍질과 사형선고
	오전 9시 (제 삼시, 막 15:25)	십자가에 못 박히심
	정오 12시부터 오후 3시까지 (제 육시에서 제 구시까지, 막 15:33)	온 땅에 어둠이 임하여 계속됨
	오후 3시에 (제 구시에, 막 15:34)	예수께서 운명하심
	오후 3시에서 저녁 6시 이전	아리마대 요셉이 예수를 매장함
	저녁 6시	안식일의 시작

빌라도 법정

주의 식탁교회 – 예수께서 부활 후 갈릴리 호수에서 제자들과 함께 식사하신 곳에 세워진 기념교회

예수의 가시관을 만든 나무 – Ziziphus Spina-Christi, 예루살렘 식물원

하시고 숨을 거두셨다. 마태복음과 마가복음에서는 예수께서 숨지시기 전에 '엘리 엘리 라마 사박다니'(마 27:46, 막 15:34)라고 외치셨다고 했다. '엘리 엘리 라마 사박다니'는 아람어로서 '나의 하나님, 나의 하나님, 어찌하여 나를 버리셨나이까'라는 뜻이다. 성경은 세 가지 언어로 기록되었다. 히브리어, 그리스어, 아람어이다. 예수님 당시 이스라엘에서는 아람어를 말했다. 아람어는 중동에서 널리 사용되었으며 BC 500년경에는 그 절정에 이르렀다. 유대인들이 바벨론 포로 때 아람어를 사용했다. 시리아의 말룰라(Maalula) 지방은 지금도 아람어를 사용하고 있다.

예수의 부활

예수님은 죽은지 삼일 만에 다시 살아나셨고 부활 후, 엠마오로 가는 제자들에게 나타나셨다(막 16:12-13). 예루살렘에서 열 제자와 만나시고 도마를 만나 예수님의 못 자국과 창 자국을 만져보게 하셨으며(요 20:19-27), 갈릴리 호수에서 제자들에게 나타나셨으며(요 21장), 제자들에게 지상명령을 주셨다(마 28:16-20). 그리고 예수는 올리브 산에서 제자들이 보는 가운데에 하늘로 올라가셨으며(눅 24:51), 하늘로 올라가신 예수는 다시 오실 것이다(마라나타, 계 22:20).

3. 하나님의 나라

예수님이 공생애 사역을 시작하면서 맨 처음 선포한 말은 '회개하라 천국이 가까웠느니라'이다(마4:17). 예수님의 모든 설교의 궁극적인 목적은 '하나님의 나라'였다.

예수는 왕위를 받아 오려고 먼 나라로 간다고 하셨다(눅 19:12). 바벨론, 이집트, 페르시아제국 등 고대의 강대국들은 식민지를 개척하고 속주의 왕들을 임명했다. 로마제국도 마찬가지였다. 예수가 태어날 당시 유다 왕이었던 헤롯 대왕도 왕위를 받기 위해 로마에 다녀왔으며, 헤롯이 죽은 뒤에 분봉 왕들도 왕위를 얻고 지키기 위해 로마 황제가 있는 로마를 드나들었다. 예수는 왕위를 받기 위해서 귀인들이 먼 나라로 드나드는 것을 그 당시 유다 인들이 잘 알고 있었기 때문에 이런 비유를 사용하셨다. 또한 이 비유가 말하고자 하는 분명한 뜻은 예수 자신이 왕위를 받기 위해서 먼 하나님 나라에 다녀오실 것을 표현한 것이다.

하나님이 예수를 세상에 보내신 목적은 하나님 나라의 복음을 전하기 위해서이다.

예수께서 이르시되 내가 다른 동네들에서도 하나님의 나라 복음을 전하여야 하리니 나는 이 일을 위해 보내심을 받았노라 하시고(눅 4:43)

예수의 메시지의 핵심 내용은 하나님의 나라이다(막 1:15). 하나님의 나라는 하나님의 법과 주권과 통치가 이루어지는 곳이다. 예수는 하나님의 나라는 너희 안에 있다(눅 17:21)고 했다. 이것은 현재적이다. 바울은 하나님의 나라는 먹는 것과 마시는 것이 아니요 오직 성령 안에 있는 의와 평강과 희락이라고 했다(롬 14:17). 예수 자신이 하나님의 나라를 가져 오신 분(눅 16:16)이며, 하나님의 나라는 장차 장소적으로 임하기도 한다(눅 13:29). 이것은 미래적인 하나님의 나라이다.

14

사도 시대 이야기

1. 누가
2. 스데반
3. 베드로
4. 바울

사도행전은 구약의 역사서와 짝을 이루는 신약의 유일한 역사서로서, 복음서를 예수 그리스도의 행전이라 한다면 사도행전은 그의 제자들의 행전이다. 예루살렘의 첫 순교자 스데반, 이스라엘 안 밖으로 전도한 베드로, 이방인의 전도자가 되어 선교여행을 했던 사도 바울은 소아시아와 그리스 로마에까지 복음을 전했다. 사도 바울의 전도여행 과정을 보면 기독교의 복음이 신화나 상상에 근거한 것이 아닌 구체적인 역사위에서 이루어진 사실임을 알게 된다.

1. 누가

누가복음과 사도행전은 동일한 저자가 쓴 책이다. 누가는 AD 58-70년 사이 로마에서 누가복음을 먼저 기록했고, 사도행전은 AD 80년경 로마에서 기록했다. 빌립보 출신의 의사로 누가는 드로아에서 바울과 첫 만남을 가졌고, 그 이후부터 늘 함께 동행했다. 사도행전 16장 11-12절을 보면 "우리가 드로아에서 배로 떠나 사모드라게로 직행하여 이튿날 네압볼리로 가고 거기서 빌립보에 이르니....."라고 했다. 여기서 누가가 '우리'라는 말을 사용한 것은 누가가 바울과 함께 갔다는 것이다. 누가는 이때부터 바울의 전도여행에 늘 함께 했고 바울이 죄수의 몸으로 로마에 호송될 때도 함께 동행 했다.

에베소에 있는 누가의 묘는 4세기 기독교가 국교가 된 후 의사인 누가를 기념하여 둥글게 지어진 의학의 신 아스클레피오스의 신전 위에 누가의 묘를 이장한 것으로 보인다. 이 누가의 묘비에 누가복음을 상징하는 황소와 십자가 문양을 새겨 놓았다.

에스겔 1장 10절과 요한계시록 4장 7절에는 네 생물(사람, 사자, 소, 독수리)이 나오는데, 이 네 생물을 4복음서를 기록한 저자와 연관시킨 것은 2세기경 프랑스 리옹의 주교였던 이레네우스(Irenaeus)였다. 그 이후로 교회사에서 네 생물을 4복음서와 연관하여 마가는 사자, 요한은 독수리, 마태는 사람, 누가는 소에 비유해서 성화를 그렸다.

황소와 십자가가 그려진 누가의 묘비 - 에베소 유적지

2. 스데반

사도들이 말씀을 전하는 것에 주력했다면 집사들은 봉사하는 일에 주력했다. 그래서 초기 교회에 봉사하는 일을 위해 집사 7명을 뽑았는데 스데반, 빌립, 브로고로, 니가노르, 디몬, 바메나, 니골라, 스데반 등이다. 복음은 이스라엘 땅 안에서도 전파되고 이스라엘 밖에서도 전파되었다. 사도행전의 요절은 1장 8절이다.

오직 성령이 너희에게 임하시면 너희가 권능을 받고 예루살렘과 온 유대와 사마리아와 땅 끝까지 이르러 내 증인이 되리라 하시니라(행 1:8)

스데반은 예루살렘에서 전도하다가 돌에 맞아 죽음으로 예수의 복음을 위해 첫 순교자가 되었다(행 7:59). 그는 돌에 맞아 죽으면서도 자기를 향해 돌을 던지는 사람들을 용서해 달라고 기도했다. 예루살렘 성 밖 올리브 산 앞에는 첫 순교자 스데반이 순교한 자리에 스데반 기념교회가 세워져 있다.

스데반 기념교회 – 기독교의 첫 순교자 스데반을 기념하는 교회로 예루살렘 성 밖에 올리브 산 앞에 있다.

가이사랴 왕궁 터 – 가이사랴에 있는 왕궁 터로 헤롯 대왕이 건설했다. 헤롯 아그립바 1세가 벌레에게 물려 이 왕궁에서 죽은 것으로 알려져 있다.

제자들의 수난

헤롯 왕(아그립바 1세)은 요한의 형제 야고보를 칼로 죽였다. 유대인들이 이 일을 기뻐하는 것을 보고 베드로도 잡아 옥에 가두었다(행 12:4). 야고보를 죽인 헤롯의 종말은 비참한 죽음으로 끝났다. 요세푸스(헤롯이 죽을 당시 유대 땅에 살았던 1세기 유다 역사가)는 그의 책에 기록하기를 헤롯(아그립바1세)이 은으로 전체 조직을 짜서 만든 화려한 옷을 입고 이른 아침 연극장(가이사랴에 있는 극장)으로 갔으며, 떠오르는 햇살에 비치는 그의 옷이 휘황찬란한 것을 보고 아첨하는 자들이 그를 신이라고 함성을 질렀으나 헤롯이 만류하지 않았다고 하였다. 그 때 갑자기 배에 통증이 생겨 왕궁으로 옮겨졌으나 5일 간 고통스러워하다가 세상을 떠났다고 하였다(요세푸스, 유다 인의 고대사 19권 8장 2절).

또한 요세푸스는 주의 형제 야고보의 죽음에 대해서도 다음과 같이 언급했다. 유

사도 요한의 무덤위에 세워진 기념교회 – 에베소

다 총독 베스도(Festus)가 죽고 신임총독 알비누스(Albinus)가 도착하기 전에, 제사장 아나누스(Ananus)는 권력을 휘두르기 위해 산헤드린 회의를 소집하고, 그리스도라고 불리는 예수의 형제 야고보와 그의 동료 몇 사람을 돌로 쳐 죽이도록 넘겨주었다. 그러나 이는 불법이었다. 결국 대제사장 아나누스는 월권행위로 대제사장직에서 3개월 만에 해임되고, 담네우스의 아들 예수(Jesus, son of Damneus)가 대제사장이 되었다(요세푸스, 유다고대사 20권 9장 1절).

산헤드린은 사람을 정죄하기는 했으나, 로마 총독의 승인이 없이는 사람을 처형할 수 없었으므로, 예수의 처형을 로마 총독 빌라도에게 집요하게 요청했던 것을 우리는 알 수 있다.

빌립은 이방인 전도에 대해 업적을 남긴 최초의 사람이다. 빌립은 사마리아에 가

공중에서 바라본 8각형으로 지어졌던 사도 빌립 순교기념교회 터 – 히에라볼리

서 처음으로 전도한 예수님의 제자이다. 빌립은 예루살렘 – 사마리아 – 예루살렘 남쪽 – 가사 – 아소도 – 가이사랴를 차례로 방문하여 복음을 전했다. 빌립은 에티오피아 내시에게 복음을 전하고 이방인 전도에 힘썼다(행 8:5–40). 빌립의 부탁을 받고 베드로도 예루살렘 – 룻다 – 욥바 – 가이사랴를 차례로 다니면서 전도했다.

소아시아 라오디게아에서 멀지 않는 곳에 위치한 히에라볼리에는 빌립이 순교했다고 전해지는 자리에, 4세기에 팔각형으로 지어진 빌립 순교 기념교회 터가 남아 있으며, 교회당 너머로 흰 파묵칼레의 온천이 보인다.

3. 베드로

베드로의 1, 2차 전도여행(행 8:14–25)은 이스라엘 내에서 진행되었다. 1차 전도여행은 예루살렘 – 사마리아 – 예루살렘 순서로 요한과 함께 이방도시 사마리아에 가서 복음을 전하고 안수하여 성령을 받게 하고 예루살렘으로 돌아왔다.

베드로의 2차 전도여행(행 9:32–11:18)은 예루살렘 – 룻다 – 욥바 – 가이사랴 – 예루살렘(이방인 선교)을 차례로 다니면서 룻다에서 애니아의 중풍병을 고쳐주고(행 9:32–35), 욥바에서 죽은 다비다를 살리고(행 9:36–43), 가이사랴에서 이방인 고넬료에게 세례를 주었다(행 10장).

베드로의 3, 4차 전도여행(갈 2:11–14)은 이스라엘 밖에서 이루어졌다. 3차 전도여행은 베드로가 안디옥에서 바울을 만났다는 것이 언급되어 있고 베드로가 편지를 보냈던 본도, 갈라디아, 갑바도기아, 아시아와 비두니아 지역을 방문했던 것으로 보인다(벧전 1:1). 바울이 고린도 교회에 보낸 편지를 보면 베드로가 고린도에도 들린 것 같다(고전 1:12).

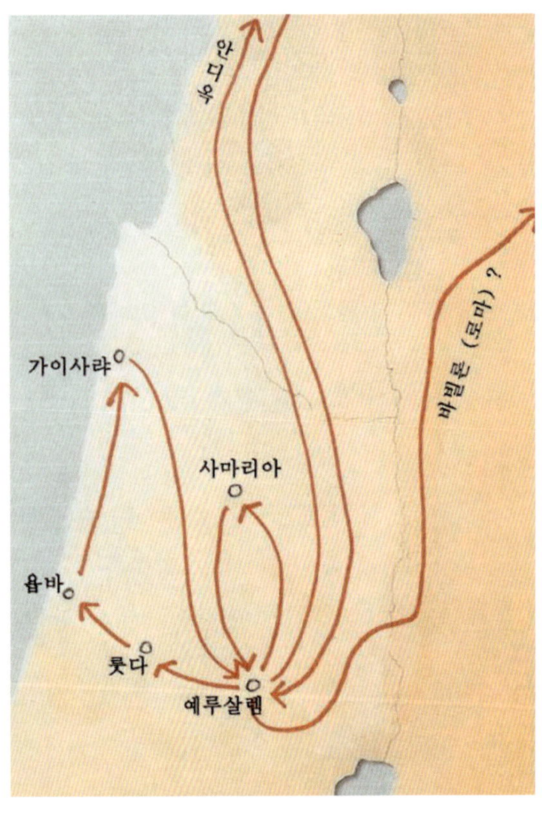

이스라엘 땅 안에서 베드로의 전도 여행지

베드로의 4차 전도여행 (벧전 5:13) 은 베드로가 바빌론에서 마가와 함께 안부를 전했다. 이 바빌론이 메소포타미아의 바빌론인지, 박해 시에 로마를 바빌론에 비유했는지에 대한 논란이 많았다. 베드로 자신의 편지에서 말하고 있는 바빌론이 로마를 가리킨 것이라고 한다면 로마도 들렸던 것이 된다(벧전 5:13). 바빌론에 대한 해석을 살펴보면, "택하심을 함께 받은 바빌론에 있는 교회가 너희에게 문안하고 내 아들 마가도 그리하느니라"(벧전 5:13).

마가는 이집트 전도에 많은 시간을 할애하고 이집트에서 순교했다고 전해진다. 그래서 마가와 사역했다고 하면 오히려 이집트일 가능성이 있다고 해석할 수 있다. 바빌론에 대한 해석은 문자 그대로 메소포타미아의 바빌론으로 해석한 사람이 있는가 하면, 그 당시 로마를 은유적으로 바빌론에 비유했다는 해석도 유력하다. 그 외에도 바빌론 타워가 있는 Old Cairo지역을 바빌론으로 표기한 라틴어로 된 중세 지도가 있다.

베드로는 AD 64년 네로 황제 때 순교한 것으로 전해진다. 네로 황제는 로마에 불을 지르고 기독교인들에게 누명을 씌워 산채로 불에 태우기도 했다. 로마의 공동묘지 위에 콘스탄티누스 황제가 베드로 기념교회를 세웠고 16세기 그 자리에 베드로 성당을 지었다.

안드레 십자가 – 베드로의 형제 안드레가 지고 순교했다고 전해지는 X자 형의 십자가 – 그리스의 파트라

베드로의 형제 안드레는 그리스에서 전도하다가 X자형 십자가에 달려 순교했다고 전해진다. 그리스의 파트라에는 안드레 기념교회가 있으며, 그 교회당 안에 안드레가 지고 순교했다고 전해지는 X자형의 십자가가 보관되어 있다.

네로는 AD 54년부터 68년까지 로마황제를 지냈다. 가정교사 세네카 등의 충언으로 처음 5년간은 좋은 황제였으나, 나중에는 어머니와 사촌을 살해하는 등 패륜에 빠졌다. AD 64년 로마에 자신이 불을 지르고 기독교인들에게 누명을 씌워 산채로 불에 태웠으며, 같은 해에 베드로가 순교하고 67년에는 바울이 순교했다. 옛날 로마 광장(Roman Forum) 뒤에는 베드로와 바울이 순교 전에 갇혔던 마메르틴(Mamertine) 감옥 터가 남아 있다. 네로의 연이은 폭정에 시달리던 로마 시민들이 반란을 일으켰고 네로는 AD 68년 로마 밖의 아피아도로를 따라 도망치다가 자살하고 말았다.

마메르틴 감옥 – 사도 베드로와 바울이 로마에서 순교하기 전에 갇혔다고 전해지는 감옥, 로마

4. 바울

'사울'은 히브리 이름이고 '바울'은 로마 이름이다. 그의 이름 못지않게 그를 따라 다녔던 대명사는 로마 시민권자, 소아시아의 다소에서 태어난 디아스포라, 유대인으로서 베냐민 지파이다. 바울은 다소에서 스토아 철학을 배우고 예루살렘으로 유학을 가서 가말리엘로부터 율법을 배웠다. 처음에는 유대교를 열심히 믿고 기독교를 박해하는 중에 스데반을 죽이는 일에 가담했다. 다메섹에서 부활한 예수를 만나 사도가 되었으며 신약성경의 27권 중 바울이 쓴 책이 13권이나 된다.

바울의 회심 – 시리아의 다메섹 근교 카우캅의 바울회심 기념교회에 있는 성화로 바울이 하늘의 빛을 보고 말에서 떨어지고 있다.

다소에 있는 로마시대의 길

바울의 초기여행

바울의 초기 여행은 다메섹 – 아라비아(3년) – 다메섹 – 예루살렘 – 가이사랴 – 다소(8년) – 수리아 안디옥(1년)의 순서로 이루어졌다(행 9:26–30, 11:25–26). 바울은 다메섹에서 부활한 예수를 만나 회개한 후에, 그때 받은 충격이 너무나 커서 자기가 잘못 살아 온 삶에 대해 마음의 충격을 완화하기 위해 아라비아에 가서 3년을 지냈다. 그후 바울은 다시 다메섹으로 갔다가 예루살렘에 갔으나 전도의 뜻을 펼치지 못하게 되자, 가이사랴 항구를 거쳐 다소에 돌아가서 8년 동안을 거기서 지냈다. 거기서 바울은 회개하고 기도하면서 과거를 뉘우치고 자기의 율법적 지식이 예수 그리스도와 어떻게 조화되는지 구약성경을 신약의 눈으로 다시 해석하는 과정을 가졌다. 율법을 복음으로 해석하는, 그리스도를 통해 구약을 다시 보는 이론적인 정립이 이루졌을 무렵에 시리아의 안디옥 교회에 가서 바나바와 함께 1년 동안 가르쳤다. 그후 성령의 지시를 받아 선교 여행을 떠나게 되었다. 이것이 바울의 1차 전도여행의 출발이었다.

◈ 바울의 1차 전도여행 코스(행 13:4–14:26)

➔ 가는 길

안디옥 ◎ 실루기아 항구 ◎ 키프러스 섬의 살라미 ◎ 키프러스 섬의 바보 ◎ 앗달리아 ◎ 버가 ◎ 비시디아 안디옥 ◎ 이고니온 ◎ 루스드라 ◎ 더베

⬅ 돌아가는 길

더베 ◎ 루스드라 ◎ 이고니온 ◎ 비시디아 안디옥 ◎ 밤빌리아(버가) ◎ 앗달리아 ◎ 실루기아 항구 ◎ 안디옥

바울의 1차 전도여행은 바나바와 그의 조카 요한 마가와 더불어 AD 46년에 떠나서 48년에 돌아왔다. 수리아 안디옥 교회의 파송을 받아 안디옥에서 30Km 떨어진 실루기아 항구에서 배를 타고 키프러스 섬의 살라미(Salamis)에서 복음을 전하고, 바보(Paphos)에서 로마 총독 서기오 바울(Sergius Paulus)을 전도하는 큰 성과를 얻게 된다. 그후 바울은 소아시아 쪽으로 가서 앗달리아 항구에 내려 밤빌리아에 있는 버가를 거쳐 비시디아 안디옥으로 향했다. 요한이라는 마가는 버가에서 바울을 떠나 예루살렘으로 돌아가 버렸다.

바울은 비시디아 안디옥의 유대인 회당(행 13:14–52)에서 설교했다. 회당에는 이스라엘 사람들과 이방인 중에서 하나님을 경외하는 사람들이 참석했다. 바울의 설교에

대한 반응은 엇갈려 유대인들은 바울의 설교를 반박하고 배척했으나 이방인들은 바울의 설교를 듣고 믿어 비시디아 안디옥에서 최초로 이방인의 교회가 세워졌다. 아브라함과 그 후손을 통해 오는 축복을 아브라함의 자손들은 배척하고, 이방인들은 받아들인 것이다. 바울과 바나바는 유대인들을 향하여 발의 티끌을 떨어 버리고 이고니온으로 갔다.

이고니온은 지금 터키의 콘야(Konya) 지역이다. 콘야의 중심부에서 북서쪽으로 10km 떨어진 곳에 위치한 실레(Sille)에는, 초기 기독교인들의 신앙을 기념하여 AD 327년에 지어진 헬레나 교회가 남아있다. 헬레나 교회 앞의 언덕에는 지금은 방치되어 버려진 동굴이 있고, 그 동굴 안에 필자가 방문 중에 찾은 동굴교회의 모습이 성화와 함께 남아 있다.

이고니온의 동굴교회 모습 – 터키의 실레(Sille)

예루살렘 사도회의(AD 49 년)

1차 전도여행을 마친 바울은 시리아의 안디옥 교회로 돌아갔으며, 거기서 할례와 율법문제를 두고 유대인과 이방인들 간에 심각한 의견갈등에 접하게 된다. 이런 갈등의 문제를 교회적인 입장에서 해결하기 위해서, 바울과 바나바는 예루살렘 교회의 자문을 받기위해 예루살렘을 방문하게 된다. 예루살렘 교회는 많은 토론을 거친 뒤에 1. 우상의 더러운 것과 2. 음행과 3. 목매어 죽인 것과 4. 피를 멀리 하는 것(행 15:19-20) 외에 이방인들에게 어떤 율법의 짐도 지워서는 안 된다는 결정을 내린다. AD 49년 이방인에 대한 예루살렘 사도회의의 결정은 교회 역사상 최초의 에큐메니칼 회의의 결정으로서 기독교를 세계적인 종교로 발전시키는 중요한 결정이었다. 만약 이방인에게 할례를 받으라고 했다면, 이스라엘 밖에서 복음을 전하는데 큰 걸림돌이 되었을 것이다.

▲ 동굴로 된 시리아의 안디옥 교회

▼ Via Sebaste – 로마시대의 길(버가에서 비시디아 안디옥으로 가는 길)

◈ 바울의 2차 전도 여행 코스 (행 15:40-18:22)

➔ 가는 길

안디옥 ⭘ 길리기아 ⭘ 더베 ⭘ 루스드라 ⭘ 브루기아 ⭘ 갈라디아 ⭘ 무시아 ⭘ 드로아 ⭘ 사모드라게 ⭘ 네압볼리 ⭘ 빌립보 ⭘ 암비볼리 ⭘ 아볼로니아 ⭘ 데살로니가 ⭘ 베뢰아 ⭘ 아덴 ⭘ 고린도

🡐 돌아가는 길

고린도 ⭘ 겐그레아 ⭘ 에베소 ⭘ 가이사랴 ⭘ 예루살렘 ⭘ 가이사랴 ⭘ 수리아의 안디옥

바울의 2차 전도여행은 1차 전도여행 때에 방문한 도시에 들려서 제자들을 격려하는 것이다. 바울과 바나바는 마가를 데리고 가는 일로 심히 다툰 후에 서로 갈라져서 바나바는 마가를 데리고 구브로로 갔으며, 바울은 실라를 데리고 갈라디아 지방으로 떠났다. 바울은 안디옥에서 출발하여 길리기아 지방을 거쳐(행 15:41), 1차 전도여행 때에 회심한 교인들을 방문하고 교회들을 굳게 하기 위해 더베, 루스드라를 방문했다(행 16:1). 아시아의 대표적인 도시 에베소에 가고 싶었지만 성령이 아시아(에베소)로 가는 것보다 유럽으로 바울을 인도하셨다. 바울이 무시아에서 에베소를 가려고 했지만 못 가게 되자, 드로아로 내려가서 배를 타고 네압볼리를 거쳐 빌립보로 가서 전도하고 암비볼리 ⭘ 아볼로니아 ⭘ 데살로니가 ⭘ 베뢰아 ⭘ 아덴 ⭘ 고린도 등 로마가 닦아 놓은 길(Via Egnatia)를 따라가며 복음을 전했다.

바울의 그리스 전도여행은 에그나티아 도로를 따라갔다. 에그나티아 도로는 로마와 마게도냐와 소아시아를 연결하는 유명한 로마의 고속도로(Via Egnatia)이다. 이 도로의 폭이 6m이며 콘스탄티노플에서 로마에 이르는 800km 길이의 도로이다. 이 길은 네압볼리항구에서 빌립보를 통해 데살로니가와 베뢰아를 거쳐 로마의 아피아 가도로 연결되었다. 기독교의 복음은 세계 언어가 된 그리스어의 옷을 입고 로마의 고속도로를 따라 전파되었다.

바울의 빌립보 전도를 통해 소아시아 두아디라 출신 자주물감 장수 루디아가 예수를 믿게 되었으며 루디아의 집에서 빌립보교회가 모이게 되었다. 이는 유럽 최초의 교회이다. 당시 자주물감은 뮤렉스(Murex)라는 조개에서 축출했으며 자색물감은 아주 비쌌기 때문에 큰 부자나 왕들만이 자색물감을 들인 옷을 입을 수 있었다.

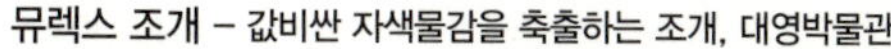

뮤렉스 조개 – 값비싼 자색물감을 축출하는 조개, 대영박물관

바울이 갈리오 총독 앞에서 재판 받은 곳 (베마, Bema) – 고린도

알지 못하는 신의 제단 – 고대 사람들은 알지 못하는 신도 제단을 만들어 섬겼다, 이스탄불 박물관

바울의 아테네 전도는 회당과 장터에서 주로 전도했지만(행 17:17), 아레오바고 언덕에서의 설교는, 아테네 사람들이 섬기는 신들과 알지 못하는 신까지 섬기는 그들의 종교심을 언급하면서, 그들이 알지 못하는 참 하나님과 죽은 자의 부활을 소개하는 변증법적인 설교의 대표적인 모형을 보여 준다(행 17:22-31).

바울이 2차 전도여행 중 고린도를 방문했을 때는 갈리오가 고린도의 총독으로 있을 때였다(행 18:12). 로마 황제 글라우디우스(Claudius, AD 41-54)는 아가야 총독 갈리오(L. Iunius Gallio)에게 델피에 더 많은 엘리트 사람들이 정착하도록 도와주어서 델피를 활성화하도록 노력하라고 명령했다. 델피의 박물관에는 돌에 새겨진 이 명령이 아직도 남아 있다. 이 명령이 새겨진 연대는 AD 52년이다. 바울은 갈리오 총독 재임기간을 포함해서 2차 전도여행때 고린도에 18개월을 머물렀다(행 18:11). 이 비문은 사도 바울의 년대기를 수립하는데 결정적인 도움이 된다. 따라서 바울이 이 당시 고린도에서 데살로니가전서와 후서를 기록한 연대가 AD 52년경이라는 이야기가 된다.

로마시대 고린도의 모습

고린도 교인들은 우상의 제물에 대해 바울에게 질문했다. 당시 고린도 사람들은 짐승을 잡아 신들에게 제물로 바친 뒤에 고기를 먹었다. 가끔 신전에는 식사하는 장소가 마련되어 함께 식사했으며(우상의 집, 고전 8:10), 신전에서 남는 음식은 시장에 내어다 팔았다. 바울은 모든 고기가 하나님이 창조한 것이기 때문에 시장에서 파는 고기가 신전에 바쳐진 것인지 아닌지 묻지 말고 먹으라고 했지만(고전 8:4~6), 초대한 사람이 그 고기가 우상의 전에서 왔다고 말하면 믿음이 약한 자들을 위해서 먹지 말라고 했다(고전 8:7~13).

고린도전서의 운동경기 이야기를 보면 바울 당시 고린도에는 2년마다 이스더미안(The Isthmian Games)경기가 열렸다. 바울은 이 경기를 연상하면서 고린도 교인들에게 다음과 같은 편지를 보냈다.

달리기 출발지점, 고린도 유적지

운동장에서 달음질하는 자들이 다 달릴지라도 오직 상을 받는 사람은 한 사람인 줄을 너희가 알지 못하느냐 너희도 상을 받도록 이와 같이 달음질하라... 이기기를 다투는 자마다 모든 일에 절제하나니 그들은 썩을 승리자의 관을 얻고자 하되 우리는 썩지 아니할 것을 얻고자 하노라(고전 9:24-25).

운동경기에서 우승한 자는 야생 셀러리로 만든 면류관을 머리에 썼다. 바울은 이를 가리켜서 "저희는 썩을 승리자의 관"을 얻고자 한다고 했다(고전 9:25). 그러나 신앙의 경주 끝에 받는 면류관은 썩지 않는 면류관이다. 이렇게 고린도 사람이 잘 알 수 있는 운동 경기를 통해 면류관을 비교하면서 신앙의 달리기와 하늘의 면류관을 설명했다.

로마시대 고린도에는 청동거울을 사용했다. 그래서 "우리가 지금은 거울로 보는 것 같이 희미하나…"라고

청동거울 – 청동으로 된 거울, 고린도 박물관

했다(고전 13: 12). 여기서 거울로 보는 것이 희미하다는 것은 요즈음 밝게 보이는 거울을 말한 것이 아니라, 사도 바울 당시(로마시대)에 사용하던 청동으로 된 거울을 말한다.

고린도 연극장 앞에는 '에라스도(Erastus)가 돈을 내어 이 도로를 포장했다'는 에라스도의 이름이 새겨진 돌이 있다. 에라스도(Erastus)는 그 도시의 재무를 맡은 사람(the city Treasurer)이었다(롬 16:23, 행 19:22). 재무는 도시의 재정을 맡은 자로 대단한 부자였으며 그 포장은 AD 50년에 이루어졌다. 바울이 AD 57년 봄 고린도에서 기록한 신약성경 로마서 16장 23절에서 바울은 그 도시의 재무 에라스도도 너희에게 문안한다고 했다.

바울이 고린도에서 전도여행을 마치고 돌아갈 때는, 고린도에서 아시아로 가는 항구도시 겐그레아로 내려가서 배를 타고 에베소에 잠시 들렀다가, 오순절 전에 돌아가기 위해 에베소에서 오래 머물지 않고, 가이사랴를 거쳐 예루살렘에 들렀다가 시리아의 안디옥으로 돌아갔다.

에라스도의 이름이 새겨진 돌, 고린도 연극장 앞

아테미 신전 모형, 이스탄불의 미니아 투르크

◈ 바울의 3차 전도 여행 코스 (행 18:23–21:19)

➜ 가는 길

안디옥 ⭘ 갈라디아(더베, 루스드라, 이고니온, 비시디아 안디옥) ⭘ 브루기아 ⭘ 에베소 ⭘ 마게도냐 ⭘ 고린도

⬅ 돌아가는 길

고린도 ⭘ 마게도냐 ⭘ 드로아 ⭘ 앗소 ⭘ 미둘레네 ⭘ 기오 ⭘ 사모 ⭘ 밀레도 ⭘ 고스 ⭘ 로도 ⭘ 바다라 ⭘ 베니게 ⭘ 키프러스 ⭘ 두로 ⭘ 돌레마이 ⭘ 가이사 ⭘ 예루살렘

3차 여행도 수리아의 안디옥에서 출발하여 길리기아를 거쳐 더베, 루스드라, 이고니온, 비시디아 안디옥을 방문하고, 2차 여행 때에 다시 오겠다고 약속한 에베소로 가서 3년을 머물면서 전도활동을 했다.

당시 에베소는 로마도시 중에서 아데미 신 숭배가 가장 성행하던 곳이다. 아데미(아르테미스)는 지중해 세계에서 수세기 동안 숭배된, 토양과 풍요로움을 상징하는 대지의 여신으로 여러 시대, 여러 장소에서 숭배되었다. 모든 자연은 이 여신의 명령에 의해 대지가 산물을 생산해 내며 생명을 주관한다고 믿었다. 사진에서 보는 아데미 신상은 에베소의 시의회 건물(프리타네이온)에서 발견되었으며 높이는 2.9미터이다. 유

에베소 연극장

방은 생산과 풍요를 상징하고 유방 위에는 여러 조디악 사인이 있다. 목에 두른 스카프는 벌 목도리로 불리어졌다. 에베소의 아데미 신전은 그리스 아테네의 파르테논(Parthenon) 신전 보다 크기가 네 배나 되었다고 한다. 아데미 신전은 127개의 기둥이 있었으나 현재 폐허된 신전 터에는 기둥 하나만 남아 있다.

아데미가 신이 아니라는 바울의 메시지는 에베소 도시에 큰 충격을 주기에 충분했다. 아데미 신상을 만들어 돈을 벌던 은장색 데메드리오는 에베소 사람들을 충동해서 에베소 연극장에서 바울 성토대회를 열었다.

연극장의 소요 이후에 바울은 마게도냐와 아가야로 다녀서 예루살렘으로 가야겠다고 생각하고 마게도냐로 가기 위해 드로

아데미 신상 – 에베소 유적지에서 발굴된 아데미 신상, 에베소 박물관

소크라테스의 방(에베소 유적지에서 발굴된 귀족의 방) - 에베소 박물관

아에 갔다. 마게도냐에 도착한 바울은 빌립보 교회와 데살로니가 교회를 방문하던 중에 고린도에서 온 디도를 만나 고린도 교회의 형편을 듣고 거기서 좀 더 머무르다가 고린도로 내려갔다. 고린도에서 3개월을 보낸 뒤에 다시 마게도냐와 드로아로 경유하여 섬 지역을 거쳐서 예루살렘으로 돌아갔다. 전에는 바울이 섬 지역을 다니지 않았는데, 3차 여행을 마치고 예루살렘으로 가는 길에는 에게 해 지역의 섬 지방을 주로 거쳐 갔다. 3차 여행 후에는 시리아의 안디옥으로 돌아가지 않고 예루살렘으로 갔다. 유대 인들은 예루살렘에서 바울을 고발하고 죽이려 했다. 그 이유는 바울이 이방인 드로비모(에베소 사람)를 거룩한 성전 경내에 데리고 들어간 것으로 오해했기 때문이다(행 21:28–29). 그러나 그것은 오해였으며 바울은 드로비모를 성전 안뜰로 데리고 들어가지 않았다. 당시 예루살렘 성전 안뜰로 들어가는 문 입구에는 어떤 이방인도 성전 안뜰로 들어가서는 안 되며, 붙잡히는 자는 죽음에 대한 책임을 자신이 져야 한다는 라임스톤에 새겨진 경고문이 돌에 새겨져 있었다. 바울은 유대인들이 자신을

"어떤 이방인도 성전 안뜰로 들어가서는 안 되며,
붙잡히는 자는 죽음에 대한 책임을 자신이 져야 한다."

이방인 성전안뜰 출입금지 비문 – 헤롯시대(BC 37–34), 이스탄불 고고학 박물관

오해하고 막무가내로 고발하고 테러를 자행하는 분위기를 벗어나고자, 로마시민권을 가진 자의 지위를 이용하여 로마황제 가이사에게 재판 받기를 호소했다. 로마 천부장에게 신변보호를 요청해서 가이사랴로 호송되어 2년 동안 감옥(AD 57–59년)에 있다가 로마로 호송되어 재판을 받게 된다.

◈ 바울의 로마 여행 코스 (행 27:1–28:16)

➔ 가는 길

가이사랴 ○ 시 ○ 키프러스 해안 ○ 길리기아와 밤빌리아 바다 ○ 루기아의 무라성 ○ 니도 맞은편 ○ 살모네 앞 ○ 그레데 해안 ○ 그레데의 미항(라세아 성) ○ 그레데의 뵈닉스 ○ 멜리데 ○ 수라구사 ○ 레기온 ○ 보디올 ○ 로마

바울은 죄수의 몸으로 로마에 가는 것이 확정되자, 가이사랴 항구에서 배를 타고 시돈과 구브로 해안을 의지하여 길리기아와 밤빌리아 바다를 건너 루기아의 무라 성에 도착했다. 거기서 바울은 로마로 가는 배를 갈아타고 니도를 지나 늦 가을에 그레데의 미항에 도착했으나, 백부장과 선주가 뵈닉스에서 겨울을 보내자고 하여 더 가다가 유라굴로라는 풍랑을 만나 배가 떠내려 가다가 멜리데 섬에서 파선했다. AD 59년 11월 쯤 멜리데 섬에 도착한 바울은 겨울 3개월을 거기서 지낸 뒤, 수라구사와 레기온 항구를 거쳐 이태리의 보디올에 도착해서 60년 초봄에 로마로 들어갔다.

◈ 바울의 4차 전도여행

➜ 가는 길

로마 ⊙ 그레데 ⊙ 에베소 ⊙ 마게도냐 ⊙ 니고볼리 ⊙ 드로아 ⊙ 밀레도 ⊙ 고린도 ⊙ 로마 (순교)

바울의 4차 전도여행은 1차 로마 감옥(가택 연금)에서 석방된 뒤에 전도활동을 한 것이다. 사도행전은 바울이 로마에서 가택연금을 당한 것까지만 기록하고, 그레데 섬에 가서 전도한 내용은 기록되어 있지 않다. 그러나 바울 서신인 디도서에는 바울의 그레데 전도에 관한 이야기가 있다. 바울은 AD 62년 봄에 풀려나 66년 봄 다시 로마로 호송될 때까지 4년 동안 더 전도 활동을 한 것으로 전해진다. 바울은 디모데와 디도를 데리고 그레데에 가서 디도를 거기 두어 그레데 교회를 돌보게 하고(디 1:5), 디모데와 함께 에베소에 들려서 디모데를 거기 두어 에베소 교회를 돌보게 하고, 마게도냐로 갔다(딤전 1:3-4). 마게도냐에 도착한 바울은 에베소에 있는 디모데에게 편지하여 목회방향을 지시하고(디모데전서), 그레데에 있는 디도에게 바른 목회를 위한 지침을 써서(디도서), 아데마나 두기고를 에베소와 그레데로 보내 디모데와 디도에게 전달했다(디 3:12). 바울은 디도에게 이 편지를 받는 즉시 자기가 앞으로 겨울을 지내게 될 니고볼리로 오라고 했다(디 3:12). 디모데전서와 디도서는 AD 65년 여름이나 가을경 마게도냐에서 기록한 것으로 보인다. 니고볼리에서 겨울을 지낸 바울은, AD 66년 봄 디모데를 만나기 위해 에베소로 가다가 드로아에서 다시 체포되어 로마로 끌려가서 마메르틴 감옥에 있다가 67년 6월 순교한 것으로 전해진다.

바울서신의 기록 시점

바울서신의 기록 시점을 요약해 보면, 바울은 자신이 전도해서 세운 교회의 교인들을 걱정하면서, 올바른 신앙생활을 할 수 있도록 교회와 개인에게 보내기 위해 여러 서신들을 기록했다는 것을 알 수 있다. 바울이 2차 여행 중(AD 50년 3월말–53년 5월) 고린도에서 쓴 편지가 데살로니가 전후서(AD 52년)이며, 신약 성경 중에 가장 먼저 쓰여 진 책이다. 바울은 3차 여행 중(AD 53년 6월–57년 5월) 에베소에서 갈라디아서(54년 경), 고린도전서(55년 봄)와 고린도후서의 일부를 썼고(56년 오순절 이전), 고린도에 가기 위해 마게도니아에 들렸다가 고린도후서의 일부를 써서(56년 가을) 디도를 통해 고린도 교인들에게 보냈다. 바울은 고린도에 가서 3개월을 머물 때(AD 57년 겨울), 앞으로 로마를 방문할 것을 생각하면서 로마에 가기 전에 미리 로마에 있는 교인들에게 편지를 보냈다. 로마에 가기 전에 쓴 편지이기 때문에, 로마교회의 형편보다는 기독교에 대한

바울 순교 교회 – 로마 외곽 바울이 순교한 자리에 세워진 교회(the Church of San Paolo alle tre Fontane)이다.

바울의 처형 – 바울 순교 기념교회(Tre Fontane) 입구에 있는 바울의 순교 장면에 대한 대리석 부조

일반적인 가르침이 들어 있는 교리서와 같은 책이다. 바울이 1차 로마 감옥(가택 연금 상태, AD 60-62년 경)에서 디모데와 함께 있을 때에 쓴 편지가 에베소서, 골로새서, 빌레몬서, 빌립보서이다. 바울이 1차 로마 감옥에서 풀려나 4년 동안 전도활동을 하면서 4차 여행 중 마게도냐에서 디도서, 디모데전서를 AD 65년 가을에 썼다. 그리고 또 다시 체포되어 2차 로마 감옥에 갇혀 로마에서 AD 67년에 순교하기 직전 66년 가을에 디모데후서를 썼다.

바울의 순교

바울은 AD 66년 드로아에서 체포되어 로마로 호송된 후 심문을 받고, 67년 6월경 로마에서 마지막으로 자신의 생명을 그리스도에게 순교의 제물로 바친 것으로 전해진다. 전해 내려오는 이야기에 의하면 바울은 트레 폰타네(세 분수, Tre Fontane) 교회 자리에서 목 베임을 당해 순교했다고 전해지며, 그 자리에 사도 바울 순교 기념교회가 세워져 있다. 바울 순교 기념교회(Tre Fontane)로 이어지는 길 입구에는 다음과 같은 내용의 안내 글이 있다.

이 길은 바울이 순교 당한 장소의 교회로 이어집니다. 다소의 바울이 AD 67년에 그리스도를 위해서 마지막 그의 목숨을 이곳에서 바쳤다고 전해집니다. 정숙해 주십시오.

제자들의 죽음

이 외에도 외경이나 전해지는 전승에 의하면 제자들 중에 베드로는 마메르틴 감옥에 갇혔다가, 그 후에 예수님과 같은 모습으로 죽을 수 없다고 하여 거꾸로 십자가에 매달려 죽었으며, 빌립은 터키의 히에라볼리에서 순교하였다. 안드레는 그리스의 파트라에서 전도하다가 십자가에 이틀간 매달려 있다가 창에 찔려 죽었고, 마가는 이집트의 알렉산드리아, 바나바는 키프러스의 살라미, 도마는 인도에서 복음을 전하다가 죽었다고 한다. 다대오는 이란, 디도는 그리스의 그레데 섬, 야고보는 예루살렘에서 순교했다고 전해지고 있다. 그리고 사도 요한은 밧모 섬에 귀양을 갔다가 풀려나 에베소에서 말년을 보냈다고 한다.

기독교 초기 교회의 모습

로마제국 시대에 시작된 기독교의 초기 교회당은 각 지방마다 동굴이 아니면 가정집에서 모였다. 각 도시마다 소수의 기독교인들이 교회당을 지을 경제적인 여건도 못 되었지만, 박해 중에 숨어 지내는 상황에서 교회당을 지어 거기서 모인다는 것은 위험한 일이었다. 예루살렘교회는 마가라고 하는 요한의 어머니 마리아의 집에서 모였으며(행 12:12), 시리아의 안디옥 교회는 오론테스 강 언덕에 있는 동굴에서, 에베소교회는 브리스가와 아굴라의 집에서(고전 16:19), 골로새교회는 빌레몬의 집에서(몬 1:2-3) 라오디게아교회는 눔바라는 여자의 집에서(골 4:16), 고린도교회는 가이오의 집에서(롬 16:23), 빌립보교회는 루디아의 집에서(행 16:40), 로마교회는 브리스가와 아굴라의 집에서(롬 16:3-5) 모였다.

이고니온의 동굴교회 모습 – 터키의 실레(sille)

15
새로운 종교로서의 기독교

15. 새로운 종교로서의 기독교

유대교와 기독교

유대교와 기독교를 비교해 보면 유대교는 율법을 토대로 구약성경에 기초하고 있고, 삼위일체(성부, 성자, 성령)의 성자로서의 예수가 메시아이심을 부정하기 때문에 삼위일체를 부정한다고 할 수 있다. 그리고 구약성경은 유대인들의 역사와 그들이 지켜온 율법으로서 주로 유대인들을 향한 종교라고 말할 수 있다. 반면에 기독교는 구약 성경에 뿌리를 두고 율법을 복음으로 완성한 종교이다. 구약성경과 신약성경을 동시에 인정하고 있다. 예수를 메시아로 믿는 종교이기 때문에 '성자'의 위치를 인정하고 '성령'을 인정하고 '성부'를 인정하기 때문에 삼위일체를 인정하는 종교이며, 유대인들의 국경과 혈통과 구약성경을 초월해서 세계인을 향한 종교이다.

율법 하에 태어난 예수

예수는 율법 하에 태어나서 복음을 가르치고, 율법의 완성을 위해 일하셨다. 율법 하에 태어났기 때문에 태어난 지 8일 만에 할례를 받고(눅 2:21), 안식일과 유월절을 지키고, 성전세를 내고, 십일조를 바치라고 하셨다(마 23:23, 눅 11:42). 그러나 예수는 불완전한 율법에서 완전한 복음으로 나아가셨다(옛사람에게 말한바 너희가 들었으나 .... 나는 너희에게 이르노니). 간음하지 말라는 말을 너희가 들었으나 마음으로 음욕을 품어도 간음하는 것이다(마 5:27-28). 예수님은 더 완전한 법을 말씀하셨다. 복음은 형식보다는 중심, 강요보다는 자원을 바탕으로 하고 있다, 복음의 근본정신은 외형적인 형식보다 마음 속에 중심이 더 중요하고, 억압적인 강요보다는 마음에서 자원하는 것이 중요하다. 예수와는 달리 우리는 복음 하에 태어났기 때문에, 율법을 지키는 것이 아니고 복음을 믿는 것이다.

예수님은 이것도 행하고 저것도 버리지 말라고 하셨다. 이것은 율법보다 더 중요한 정의와 긍휼과 믿음이다. 유대인은 율법의 더 중요한 것(정의와 긍휼과 믿음)은 버리고 오히려 형식적인 것, 박하와 회향과 근채의 십일조는 하면서 더 중요한 것은 버렸다. 십일조보다 더 중요한 정신은 버리고 외형적인 십일조만 했다. 그때 예수님께서는 이것도 행하고 저것도 버리지 말라고 말씀하셨다. 예수님은 율법 하에 태어나서 할례를 받으시고, 안식일과 유월절을 지키시고 십일조도 하셨다. 또한 율법 하에 태어난 유대 인들을 향해 십일조도 버리지 말아야 한다고 하셨다.

복음 하에 태어난 우리

오늘 우리는 복음 하에 태어났기 때문에 율법에서 자유롭다. 할례를 받을 필요가 없고, 안식일과 유월절을 지킬 필요도 없다. 주일을 지키고, 예수님이 세우신 성만찬을 행한다. 십일조를 하는 것이 아니고 감사헌금을 한다. 감사헌금은 각자 마음에 정한대로 즐겨 내는 것이다(고후 9:7). 연보의 모범은 힘대로 할 뿐 아니라 힘에 지나도록 자원하여 가난한 중에도 풍성한 연보를 하는 것이다(고후 8:2-3). 1/10에 메이는 것이 아니라, 9/10도 하나님의 것이며, 하나님의 영광을 위해 모든 것을 사용해야 한다. 복음 시대인 오늘까지 율법적인 십일조를 가르치는 것은, 율법시대의 안식일을 오늘도 지키라고 가르치는 것과 마찬가지이다.

최후의 만찬에서 (마 26장, 막 14장, 요 13장)

예수는 최후의 만찬에서 유월절 만찬을 성만찬(자신의 죽음과 부활에 결부)으로 바꾸셨다. 누룩없는 떡을 주시면서 너희를 위해 찢는 내 몸이라고 하시고 포도주를 주시면서 너희를 위해 흘리는 내 피라고 하면서 앞으로는 나를 기념하여 지키라고 하셨다. 율법대신에 새 계명을 주셨다. 새 계명은 하나님을 사랑하고 이웃을 사랑하는 '율법의 완성'인 것이다.

예수가 십자가에서 운명하실 때 지성소와 성소를 구분하던 휘장이 찢어졌으며, 모든 신자들이 대제사장의 역할을 할 수 있게 되었다. 예수는 최후의 만찬에서 새로운 종교를 만드셨다.

안식일에서 주일로

예수의 부활 후, 제자들은 안식일 대신에 예수가 부활한 날(주일)을 예배일로 지켰다. 유대 인의 안식일은 쉬는 날로서 일을 해서는 안 되었다. 그러나 기독교인의 주일은 안식일(쉬는 날)이 아니라 주님의 일을 하는 날이다(요 5:17). 이제 우리는 유대 인들이 안식일을 지키는 사고방식으로 주일을 지켜서는 안 된다. "즐겁게 안식할 날……"이라는 찬송가도 바뀌어야 한다. 날자 보다 사람이 귀하고, 주일보다 주일의 주인이신 주님이 귀하다. 이날을 저 날보다 귀하게 여기는 것은 각자 마음에 확정해야 한다(갈 4:10, 롬 14:5).

십일조

안식일이 폐지되고 주일을 지키는 것처럼, 십일조도 폐지되고 감사헌금을 바쳐야 한다. 법은 최소한의 기준이다. 십일조는 율법으로 헌금의 최소한의 기준을 정한 것으로 1/10은 하나님의 것, 9/10은 자기의 것으로 생각했다. 복음은 법의 기준을 넘는 것으로 감사함으로 하나님께 1/10을 바칠 뿐만 아니라, 9/10도 하나님의 것으로 생각하고 하나님의 영광을 위해 사용해야 한다. 사도 바울은 헌금의 기준을 시련과 가난 중에도 연보를 넘치도록 하는 것(고후 8:2)이며, 인색함이나 억지가 아니라 즐겁게 내는 것(고후 9:7)이라고 했다.

예수 – 다윗의 자손으로서의 왕

The royal line of David is like a tree that has been cut down; but just as new branches sprout from a stump, so a new king will arise from among David's descendants.(사 11:1, GNT)

혈통적인 다윗의 자손으로서의 왕은 바빌론 포로에서 끝났다. 다윗의 자손으로서의 새로운 왕은 메시아로 오신 예수에게로 이어지고, 예수가 영원한 왕, 평화의 왕, 하나님 나라의 왕, 유다적 혈통을 초월하여 세계인의 메시아이다.

…표면적 유대인이 유대인이 아니요 표면적 육신의 할례가 할례가 아니라, 오직 이면적 유대인이 유대인이며 할례는 마음에 할지니… (롬 2:28-29).

예수께서 초대하는 세계 만민이 메시아의 가족이 되고, 예수는 국경과 민족과 혈통을 초월해서 세계인의 메시아, 하나님 나라의 왕, 영원한 평화의 왕이 되심을 이사야서 11장 1절에서 말하고 있다.

새 언약 (눅 22:20)

옛 사람에게 말한바... 너희가 들었으나 나는 너희에게 이르노니(마 5:21-22).
또 옛 사람에게 말한바...너희가 들었으나 나는 너희에게 이르노니(마 5:33-34).
또 눈은 눈으로...갚으라… 너희가 들었으나 나는 너희에게 이르노니(마 5:38-39).

구약(Old Testament)은 옛 언약을 말하고, 신약(New Testament)은 새 언약을 의미한다. 예수는 무교절 첫날 저녁 만찬에서, 유대교의 유월절만찬을 기독교의 성만찬으로 바꾸셨다. 누룩 없는 빵과 포도주는 예수의 몸과 피를 상징하는 것이 되었다. 구약의 불완전한 율법적인 윤리를 신약의 완전한 복음적인 윤리로 만드셨다. 행한 대로 갚아주라는 동해보복법을 사랑으로 바꾸셨으며, 외형적인 행위나 결과보다 내면적인 중심과 동기가 중요시 되었다.

또한 구약의 불완전한 율법적인 의식을 신약의 완전한 복음적 의식으로 바꾸셨다. 양을 잡아 피를 흘려 속죄하던 제사는 하나님의 어린양 예수의 피로 제사하는 것이 되고, 구약에서 외형적인 의식들로 지키던 것을 신약에서는 내면적인 의미로 지키게 되었다. 기독교는 구약(율법)에 뿌리를 두고 있지만 구약에 머물러 있어서는 안 된다.

새 언약은 마음에 기록하는 언약이다(렘 31:31-34, 요 13:34). 새 언약은 출애굽 할 때 맺은 옛 언약과 같지 아니하다(렘 31:32). 출애굽 때는 옛 언약(돌에 새겨진 율법)을 가지고 가나안으로 갔지만, 바벨론 포로 귀환 때는 새 언약(마음에 새겨진 메시아)을 가지고 가나안으로 갔다. 그래서 언약궤를 다시는 만들지 아니할 것이라고 했다(렘 3:16). 언약이 마음에 새겨지기 때문에 언약궤도 성전도 필요 없게 된다. 예수님께서는 "이 성전을 헐라 내가 사흘 동안에 일으키리라"고 하셨다(요 2:19). 요한계시록을 보면 천국에는 성전이 없다고 했다. "성 안에서 내가 성전을 보지 못하였으니 이는 주 하나님 곧 전능하신 이와 및 어린 양이 그 성전이심이라"(계 21:22).

구약(율법)과 신약(은혜와 진리)

율법은 모세로부터 온 것이고, 은혜와 진리는 예수 그리스도로 말미암아 온 것이다(요 1:17). 바리새인과 세리의 기도를 보면, 바리새인은 자기의 의(율법)를 의지했으며, 세리는 하나님의 은총(복음)을 의지했다(눅 18:9-14). 하나님의 은총을 의지하는 것이 복음이다.

"주의 날에 내가 성령에 감동되어" (계 1:10).

그리스도께서 우리를 자유롭게 하려고 자유를 주셨으니 그러므로 굳건하게 서서 다시는 종의 멍에를 메지 말라(갈 5:1)

율법 안에서 의롭다 함을 얻으려 하는 너희는 그리스도에게서 끊어지고 은혜에서 떨어진 자로다(갈 5:4).

율법의 조항을 지키지 않는 것이 죄가 아니라, 하나님과 이웃을 사랑하지 않는 것이 죄이다. 이것이 복음의 정신이다. 믿음으로 하지 아니한 모든 것이 죄가 된다 (롬 14:23). 헌금과 봉사도 하나님을 사랑함으로 하지 않으면 죄가 된다. 이만하면 되었지 하는 자만하는 마음이 아니라 겸손하고 감사한 마음으로 해야 한다. 우리 몸을 불살라 줄지라도 사랑이 없으면 아무것도 아니다(고전 13:3).

새로운 종교로서의 기독교

새 언약은 새 종교를 만들었다. 기독교는 유대교(구약, 율법)에 뿌리를 두고 있지만, 유대교(구약, 율법)에 머물러 있는 것이 아니라 새로운 종교이다. 기독교는 안식일도 지키지 않고, 할례도 행하지 않고, 율법에서 먹지 말라는 돼지고기도 먹는다. 예루살렘 사도회의(AD 49년)는 우상의 재물과 피와 목매어 죽인 것과 음행을 멀리하는 것 외에는, 어떠한 율법의 짐도 교인들에게 지우지 않는 것이 옳다고 결정했다(행 15:28~29).

율법과 선지자의 강령은 하나님을 사랑하고 이웃을 사랑하는 것이다(마 22:37~40). 기독교인들은 구약을 믿으면서도 구약에 머물러 있어서는 안 된다. 오늘 우리가 구약성경을 읽는 것은 율법을 지키기 위해 읽는 것이 아니라, 복음의 뿌리를 알기 위해 읽는다. 오늘 우리가 지키는 것은 불완전한 율법이 아니라 완전한 복음(예수님이 완성한 율법)이다. 율법으로 구원을 얻으려고 하는 것은 그리스도의 죽음을 헛되게 하는 것이다(갈 2:21). 기독교는 새로운 종교이다.

그러므로 이제 그리스도 예수 안에 있는 자에게는
결코 정죄함이 없나니 이는 그리스도 예수 안에 있는 생명의 성령의 법이
죄와 사망의 법에서 너를 해방하였음이라(롬 8:1-2).

그런즉 누구든지 그리스도 안에 있으면
새로운 피조물이라 이전 것은 지나갔으니
보라 새 것이 되었도다(고후 5:17).